KB244260

한국사를 알면
세계사가 보인다

상

한국사를 알면 세계사가 보인다 _상

김승민과 그림떼 글·그림 | 이원복 감수

1판 1쇄 인쇄 2013. 11. 29. | 1판 1쇄 발행 2013. 12. 4. | 발행처 김영사 | 발행인 박은주 | 등록번호 제406-2003-036호 | 등록일자 1979. 5. 17. | 경기도 파주시 문발동 출판단지 515-1 우편번호 413-756 | 마케팅부 031)955-3100, 편집부 031)955-3250, 팩시밀리 031)955-3111 | 저작권자 © 김승민, 2013 | 이 책의 저작권은 저자에게 있습니다. 서면에 의한 저자와 출판사의 허락 없이 내용의 일부를 인용하거나 발췌하는 것을 금합니다. | COPYRIGHT © 2013 by Kim Seung-Min All rights reserved including the rights of reproduction in whole or in part in any form. Printed in KOREA | 값은 뒤표지에 있습니다. | ISBN 978-89-349-6566-4 17910 | 좋은 독자가 좋은 책을 만듭니다. | 김영사는 독자 여러분의 의견에 항상 귀 기울이고 있습니다. | 독자의견 전화 031)955-3200 | 홈페이지: www.gimmyoung.com | 이메일: bestbook@gimmyoung.com

김승민·이원복 교수가 함께 만든 에듀테인먼트 만화
'알면 보인다' 시리즈 3탄

한국사를 알면
세계사가 보인다

상

김승민과 그림떼 글·그림 | 이원복 감수

함영사

　이 책은 글로벌 시대에 아주 적절한 기획이다. 국사가 수능 필수 과목이 되고, 수업도 더 많아진다는 사실이 아니더라도 역사는 국사든 세계사든 모든 이의 필수 지식이자 기초 교양이다. 역사는 과거의 기록에 머무르는 것이 아니라 오늘이 있게 된 원인이자 결과이며, 오늘은 또 내일을 창조하는 원인이자 결과로 역사는 항상 진행형이며 연속의 선 위에 있다. "과거를 모르는 민족에게 내일은 없다"는 말처럼 역사의 중요성은 아무리 강조해도 모자람이 없다. 그래서 선진국일수록 그 나라 국어와 역사를 가장 중요한 교육 대상으로 여기며, 필수 중의 필수로 여기는 이유가 여기에 있다. 역사와 언어는 한 나라 국민의 정체성 그 자체이다.

　우리는 지금까지 역사 교육에서 두 가지 오류를 범했다.

　첫째, 스토리텔링이어야 하며 재미있어야 할 역사 과목이 지루하고 암기 위주의 재미없는 과목으로 인식되어 있는데 이는 가르치는 방식에도 문제가 있다. 이 책은 만화를 통해 한국사와 세계사를 시대별로 비교해가며 재미있고 흥미롭게 이야기를 전개한다.

　둘째, 우리나라가 동북아에 위치해 지리적으로 멀리 떨어져 있다는 이유로 항상 세계사와 한국사를 따로 가르친다. 역사를 국사와 세계사를 분리해 가르치므로 우리는 언제나 '세계와 우리'로 분리해 사고한다. 그러나 글로벌화한 세계에서 더 이상 세계와 분리된 대한민국은 없다. 이제는 '세계의 우리'로 사고하고 행동해야 한다. 그런 점에서 세계사와 한국사를 시대별로 비교해 전개하는 이 책의 의도가 두드러진다. 우리나라에 불교가 들어올 때 세계에서는 어떤 일이 벌어지고 있었는지, 이순신 장군이 한산도 대첩에서 왜군을 무찌를 때 세계에서는 무슨 일이 벌어지고 있었는지 등등 한국사와 세계사를 끌어안아 비교해 독자의 역사의식을 글로벌화하는 데 크게 이바지하리라고 믿는다.

　이 작업을 이끈 김승민 교수와 그림떼에 한없는 칭찬과 격려를 보내며 이 책을 감수하는 것을 큰 기쁨으로 생각한다.

2013년 11월

이 원 복

　현재를 살아가는 어른들은 물론, 글로벌 시대를 살아가는 어린이와 청소년의 역사 공부는 매우 중요합니다. 그러나 최근에 논란이 되고 있는 학교 현장 내 저조한 한국사 교육률과 왜곡된 역사 교육, 신세대의 역사에 대한 무지는 미래를 우려하게 합니다. 역사는 단순한 과거가 아닙니다. 역사는 현재를 살아가는 우리에게 지대한 영향을 줄 뿐만 아니라, 미래를 준비하는 지혜의 보고이기에 역사 공부의 중요성은 거듭 강조해도 지나치지 않습니다.

　우리 민족은 한반도를 무대로 반만년 이상 이어져 내려온 고유한 역사를 지니고 있습니다. 세계 여러 나라의 민족도 제각각 고유한 역사가 있습니다. 특히 이웃한 나라들은 오랜 과거부터 서로 영향을 주고받아 역사가 그물처럼 밀접하게 얽혀 있습니다. 과거에 일어났던 수많은 역사적 사건이 각각의 인과 관계를 가지고 영향을 미쳐왔지요. 이는 전 세계가 긴밀히 맞물려 있는 21세기 글로벌 시대를 살아가는 우리가 한국사는 물론 세계사도 잘 이해해야 하는 이유이기도 합니다.

　이번에 기획한 《한국사를 알면 세계사가 보인다》는 총 두 권으로 구성되어 있습니다. 각 페이지마다 역사적인 사건 한 가지를 한눈에 볼 수 있도록 구성했습니다. 역사를 이해하는 데는 큰 흐름을 파악하는 것이 아주 중요합니다. 이 책은 시대별로 나누어, 비슷한 시기에 일어났던 큰 사건을 한국사와 세계사로 간추려 정리했기 때문에 동시대의 역사를 입체적으로 비교할 수 있습니다.

　선사 시대부터 광복 후 현대까지의 우리 역사와 고대 문명의 시작부터 현대까지의 세계 역사를 두 권의 이야기 속에 쉽고 재미있게 풀어냈습니다. 세계의 역사와 우리의 역사를 함께 살펴보며, 객관적이고 균형 잡힌 시각으로 역사를 바라보는 참재미의 역사 여행이 되길 기대해봅니다.

　끝으로 이 책이 나오기까지 온 정성을 기울여 작업에 참여해준 송민선, 이성희, 김증래 선생님과 김영사 여러분께 깊은 감사를 드립니다.

2013년 11월

김 승 민

기원전 250만 년	구석기 시대
기원전 40만 년	불의 발견
기원전 3000년경	고대 문명의 시작
기원전 800년경	그리스, 폴리스 형성
기원전 334년	알렉산드로스 대왕, 동방 원정
기원전 202년	한나라 건국
기원전 113년	북방 게르만족, 이탈리아 침입
기원전 58년	카이사르, 갈리아 정복
기원전 44년	암살당한 카이사르
기원전 31년	악티움 해전
기원전 27년	아우구스투스 즉위, 로마 제정의 시작
기원전 4년	예수 그리스도의 탄생
45년경	인도, 쿠샨 왕조 성립
313년	로마, 그리스도교 공인
375년	게르만족의 대이동
392년	로마, 그리스도교를 국교로 승인
395년	로마 제국, 동서로 분열
415년	게르만족, 서고트 왕국 건설
420년	중국, 남북조 시대
427년	아우구스티누스, 《신국론》 저술
476년	서로마 제국 멸망
493년	게르만족, 동고트 왕국 건설
500년	인도, 힌두교 창시
527년	유스티니아누스 1세 즉위
529년	《유스티니아누스 법전(로마법 대전)》 편찬
552년	돌궐 제국 성립
570년	이슬람교 창시자 무함마드 출생
589년	수나라, 중국 통일
600년	스리비자야 왕국 성립
606년	인도, 바르다나 왕조 성립
618년	수나라 멸망과 당나라 건국
622년	이슬람 헤지라
646년	당의 현장, 《대당서역기》 저술
661년	이슬람, 우마이야 왕조 성립
687년	피핀, 프랑크 왕국의 정권 장악
690년	중국, 측천무후 즉위
726년	동서 교회의 분리
750년	이슬람, 아바스 왕조 성립
751년	카롤링거 왕조 성립
771년	카롤루스 대제, 프랑크 왕국 통일
802년	크메르 제국 건국
843년	베르됭 조약
862년	러시아 건국
870년	메르센 조약, 프랑크 왕국 분열
907년	중국, 당의 멸망, 5대 10국 시대
916년	거란, 요의 건국
936년	오토 대제 즉위
960년	중국, 송의 건국
962년	신성 로마 제국 성립
979년	송 태종, 중국 통일
987년	프랑스 위그 카페, 카페 왕조 시작
1000년	송, 나침반·화약 발명
1009년	동남아시아, 대월 건국
1037년	이슬람, 셀주크 왕조 성립

기원전 70만 년	구석기 시대
기원전 6000년경	신석기 시대 시작
기원전 2333년	단군왕검, 고조선 건국
기원전 1000년경	청동기 문화 발달
기원전 300년경	철기 문화 보급
기원전 194년	위만, 고조선의 왕으로 등극
기원전 108년	고조선 멸망, 한사군 설치
기원전 57년	박혁거세, 신라 건국
기원전 37년	주몽, 고구려 건국
기원전 18년	온조, 백제 건국
3년	고구려 유리왕, 국내성 천도
42년	김수로, 금관가야 건국
313년	고구려, 낙랑군 정벌
372년	고구려, 불교 진래
384년	백제, 불교 전래
391년	고구려, 광개토왕 즉위
400년	고구려 광개토왕, 신라에 군사 지원
405년	백제, 한문을 일본에 전함
427년	고구려 장수왕, 평양 천도
433년	백제와 신라, 나제 동맹을 맺음
475년	백제 문주왕, 웅진 천도
494년	부여, 고구려에 의해 멸망
512년	신라, 우산국 정벌
527년	신라 법흥왕, 불교 공인
532년	금관가야, 신라에 멸망
552년	백제, 일본에 불교 전파
553년	신라, 한강 유역을 차지함

562년	신라, 대가야 병합
598년	수 문제, 고구려 침공
612년	고구려 살수 대첩
642년	고구려, 연개소문 정변의 발생
645년	고구려, 안시성 싸움 승리
646년	고구려, 천리 장성 완성
660년	백제 멸망
668년	고구려 멸망
676년	신라, 삼국 통일 완성
682년	신라, 국학 설치
698년	발해 건국
751년	김대성, 불국사와 석굴암 건조
788년	신라 원성왕, 독서삼품과 설치
828년	신라, 상보고의 요정으로 정해진 설치
892년	견훤, 후백제 건국
901년	궁예, 후고구려 건국
918년	왕건, 고려 건국
926년	발해, 거란에 의해 멸망
935년	신라 멸망
936년	고려, 후삼국 통일
956년	노비안검법 실시
958년	과거 제도 처음 시행
992년	국자감 설치
993년	거란의 제1차 침입
996년	건원중보 주조
1010년	거란의 제2차 침입
1019년	강감찬의 귀주 대첩

1066년	노르만족, 영국 정복		**1453년**	동로마 제국 멸망
1077년	카노사의 굴욕		**1455년**	장미 전쟁(~1485)
1096년	십자군 원정, 십자군과 이슬람의 격돌		**1479년**	에스파냐 왕국 성립
1115년	여진, 금나라 건국		**1485년**	헨리 7세, 튜더 왕조 시작
1125년	중국, 요나라 멸망		**1488년**	디아스, 희망봉 발견
1127년	중국, 북송 멸망		**1492년**	콜럼버스, 신대륙 발견
1155년	프리드리히 1세, 신성 로마 제국 황제 즉위		**1498년**	바스쿠 다가마, 인도 항로 개척
1163년	프랑스, 노트르담 대성당 건설 시작		**1511년**	에라스뮈스, 《우신예찬》 간행
1169년	잉글랜드, 아일랜드 정복		**1517년**	루터, 종교 개혁 시작
1192년	일본, 가마쿠라 막부 수립		**1519년**	마젤란 세계 일주 항해(~1522)
1204년	십자군의 콘스탄티노플 약탈		**1526년**	무굴 제국 성립(~1858)
1206년	몽골의 테무친, 칭기즈 칸이 됨		**1536년**	칼뱅 종교 개혁
1215년	영국, 마그나 카르타 제정		**1543년**	코페르니쿠스, 지동설 주장
1231년	이슬람, 나스르 왕조 성립		**1545년**	트리엔트 공의회(~1563)
1234년	몽골, 송과 동맹해 금 정복		**1559년**	엘리자베스 1세, 영국 교회 기초 확립
1271년	원의 성립		**1562년**	위그노 전쟁(~1598)
1309년	교황의 아비뇽 유수		**1582년**	그레고리력(현재의 태양력) 제정
1337년	백 년 전쟁 발발		**1588년**	잉글랜드 해군, 에스파냐 무적함대 격파
1347년	유럽에 페스트 대유행		**1590년**	도요토미 히데요시, 일본 통일
1368년	중국, 원 멸망과 명 건국			**하권에서 이어집니다.**
1369년	티무르 왕조 성립			
1375년	르네상스 시작			
1378년	교회 대분열 시대(~1417)			
1381년	와트 타일러의 난			
1391년	티무르, 콘스탄티노플 점령			
1429년	잔 다르크, 잉글랜드군 격파			
1450년	구텐베르크, 금속 활자 인쇄술 발명			

1033년	북쪽 국경에 천리 장성 쌓기 시작
1055년	최충의 사학
1096년	의천, 속장경 완성
1107년	윤관, 여진 정벌과 9성 축조
1126년	이자겸의 난
1135년	묘청의 서경 천도 운동
1145년	김부식, 《삼국사기》 편찬
1170년	정중부의 난
1179년	경대승, 도방 정치
1196년	최충헌 집권
1198년	만적의 난
1231년	몽골의 1차 침입, 강화 천도
1234년	금속 활자 사용한 《고금상정예문》 간행
1236년	강화에서 고려 대장경 판각 시작
1270년	배중손, 삼별초를 이끌고 대몽 항쟁 시작
1285년경	일연, 《삼국유사》 편찬
1359년	홍건적의 고려 침략
1363년	문익점, 원에서 목화씨를 가져옴
1376년	최영, 왜구 토벌
1377년	《직지심체요절》 인쇄
1388년	이성계, 위화도 회군
1389년	박위, 쓰시마 섬 정벌
1392년	고려 멸망, 조선 건국
1394년	한양 천도
1401년	신문고 설치
1413년	호패법 실시
1420년	집현전 설치
1429년	정초, 《농사직설》 편찬
1441년	측우기 발명
1446년	훈민정음 반포
1453년	계유정난 발생
1460년	신숙주, 여진 정벌
1476년	《경국대전》 완성
1493년	성현, 《악학궤범》 완성
1498년	무오사화 발생
1504년	갑자사화 발생
1506년	중종반정과 연산군 폐위
1510년	삼포 왜란
1519년	기묘사화 발생
1543년	백운동 서원 건립
1545년	을사사화 발생
1559년	임꺽정의 난 (~1562)
1592년	임진왜란
1592년	한산도 대첩
1593년	행주 대첩
1597년	정유재란

하권에서 이어집니다.

* 복원된 호모 하빌리스의 모습

한반도는 약 70만 년 전에 구석기 문화가 시작되었어.
우리가 이 땅에 최초로 흔적을 남겼다.

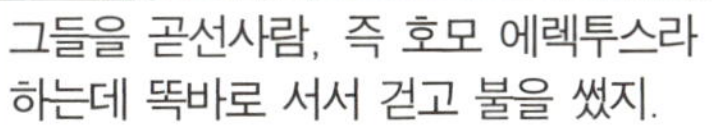

그들을 곧선사람, 즉 호모 에렉투스라 하는데 똑바로 서서 걷고 불을 썼지.
빨리 따라와.

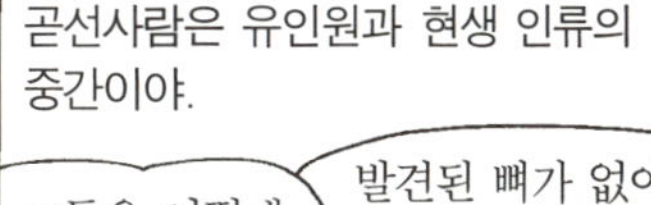

곧선사람은 유인원과 현생 인류의 중간이야.
그들은 어떻게 생겼을까?
발견된 뼈가 없어서 그 모습을 알 수가 없대.

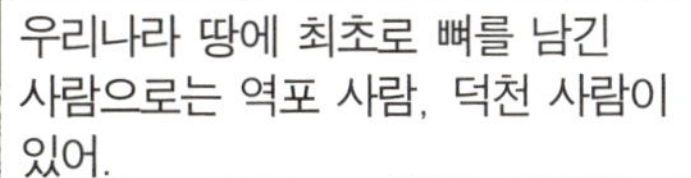

우리나라 땅에 최초로 뼈를 남긴 사람으로는 역포 사람, 덕천 사람이 있어.
내레 북한에서 왔시유.
어? 나도 고향이 이북인데.

북한에서 출토된 그들의 뼈는 발견된 지역에 따라 이름 지어졌지.
박물관에 가면 볼 수 있겠네.
겨우 그들의 머리뼈 조각과 어금니 정도가 발견되었대.

그들이 지금 우리가 복원할 수 있는 한반도에서 가장 오래된 인류야.
어금니와 어깨뼈만으로 날 되살리다니 대단해.
난 머리뼈 조각만 남겼는데.

남한에서 처음 발견된 구석기 시대 인류의 뼈 화석은 어린아이의 것인데 흥수아이라고 불러.
4만 년 만에 보는 햇빛이야.
아웅~!

대여섯 살인 흥수아이는 동굴에서 완벽한 형태로 수습된 뼈에 살을 붙여 복원했지.
이름이 흑수야?
발견한 광산 현장 소장의 이름에서 따왔어.

우리나라의 구석기 시대 유적은 현재 약 90여 군데가 발굴되었어.
굴포리
검은모루
창내
석장리

우리나라의 구석기 시대 사람은 동굴이나 바위 그늘에서 살거나 강가에 막집을 짓고 살았어.
우리 저택 구경하러 와.

그들은 무리를 이뤄 큰 사냥감을 찾아다니며 생활했기 때문에 경험이 많고 지혜로운 사람이 지도자가 되었지.
아무래도 내 것이 작아.
내가 몸이 약하잖아?
똑같이 나눴어. 우리는 모두 평등하거든.

그들은 불붙은 나뭇가지를 주거지나 동굴로 가져가 불씨로 보존했던 것 같아.

그 후 수만 년이 흐른 뒤 우리 조상인 인류는 불을 마음대로 만들고 쓰게 됐어.

나무로 마찰을 일으키거나 부싯돌을 쳐서 불을 만들었어.

불은 인류 문명 발전에 아주 중요한 역할을 했지.

인류는 불을 얻어 따뜻하게 지낼 수 있었고, 어둠을 밝힐 수 있었어.

음식물을 익혀 먹고 도구를 만들었으며 금속에 대한 지식도 갖게 되었지.

불을 사용함으로써 인류는 자연적으로 살았던 열대 지역을 떠날 수가 있었고,

또 살기 좋은 환경을 만들어서 진화와 발전을 촉진했다고 볼 수 있어.

석기 같은 도구와 불을 쓴다는 점에서 인류와 동물은 엄연히 구별되지.

인류는 불 덕분에 자연을 지배하고 문명사회를 만들 수 있었어.

수만 년 전에 한반도에는 빙하기가 시작되어 아주 매서운 추위가 몰아쳤지.
어휴, 추워!
난 배고파죽겠어요.
아웅!
뜨끈뜨끈한 찜질방에서 푹 지지고 싶어요.

이 무렵 사람들은 불을 사용해 추위를 견뎠으며, 사냥감과 먹잇감을 찾아 일본으로까지 이동했어.
이때만 해도 남해와 동해가 얼음으로 덮여 있어서 걸어서 갔어.

하지만 빙하기라는 혹독한 환경이 사람들을 더 빨리 신석기 시대로 몰아갔지.
오늘로 노숙 생활은 끝이야.

그들은 채집 생활을 벗어나 밭농사를 짓고 가축을 기르며 살았어.
이때가 기원전 6000년경이야.

또 진흙을 빚어 토기를 만들고, 음식을 조리해서 먹을 때 사용했어.
이제야 사람 사는 것 같군.

신석기 동물학교
적을 먼저 알아야 우리가 삽니다. 신석기 사람의 특징을 말해보세요.
돌을 날카롭게 갈아서 쓰기 때문에 찔리면 금방 죽어요.
화살을 쏘니까 보는 즉시 도망가야 해요.
그물, 낚시, 작살 없는 게 없어요.

빙하기 때 커다란 동물은 멸종했고, 대신 작고 빠른 동물이 살아남았지.
토끼 잡는 데에는 이게 최고야.

물론 신석기 시대 사람은 강과 바다에서 조개를 캐 먹기도 했어.
큰 것만 캐요.
오늘 저녁도 조개야?

그들이 먹다 버린 조개껍데기가 조개더미라는 유적으로 발견됐지.
와, 많이도 먹었네.

조개더미 유적에서는 농경 도구, 토기 등도 나와서 그 당시의 생활상을 알려주지.
세상이 이 안에 있지.

고대에 발생한 4대 문명은 메소포타미아 문명, 이집트 문명, 인더스 문명, 황하 문명을 말해.

게다가 그 지역들은 날씨가 따뜻하고 땅도 기름져서 농사가 잘됐어.

지배층은 법률을 만들어놓고, 저항하는 세력은 군대를 파견해 진압했어.

하늘의 왕 환인의 아들 환웅은 늘 인간 세상을 내려다보며 생각했어.
인간을 행복한 삶으로 이끌고 싶어!

아들의 뜻을 알게 된 환인은 천부인 세 개를 주고 세상으로 내려보냈지.
인간 세계를 잘 다스릴 수 있겠느냐?
믿고 맡기시지요.

환웅은 바람, 구름, 비의 신을 거느리고 태백산 신단수 아래로 내려갔어.
이곳에 신시를 열겠노라!

그러던 어느 날 곰과 호랑이가 환웅을 찾아왔지.
너희는 나한테 볼일이 없을 텐데….
제발 사람이 되게 해주세요.

환웅은 그들에게 쑥 한 자루와 마늘 스무 쪽을 주면서 그것을 먹고 100일 동안 햇빛을 보지 않으면 사람이 된다고 했어.
호호, 100일 동안 잘 참은 난 웅녀!
마늘은 너무 매워!
펑
엉엉

그 후 환웅과 웅녀가 결혼해서 아들을 낳았지.
그 아들이 바로 이분 단군왕검이셔.

훗날 단군은 아사달에 도읍을 정하고 나라를 세워 조선이라 일컬었어.
위만조선과 구분하려고 고조선이라고 했어.
아하, '고'자가 붙어서 후세의 조선과도 구별되네.

사실 '조선'은 '태양이 뜨는 자리'를 의미하는 우리말 '아사달'의 중국식 표현이야.
고조선은 청동기 문화를 바탕으로 만주 일대로 뻗어 나갔어.

하지만 단군에 대한 기록은 충분하지 않고 신화적 성격이 강해.
나를 의심하고 여러 가지 설을 퍼뜨리다니!
삼국유사

가장 일반적인 설로 단군은 고조선 사회의 제주이자 군장으로,
?!
쌍둥이인가?

단군은 대제사장, 왕검은 국가를 통치하는 대군주의 의미를 띠고 있지.
조선 초에는 단군을 '단군 천왕'으로 부르기도 했대.

* 파르테논 신전과 아크로폴리스

* 청동기 시대 유물인 민무늬 토기

옛날 마케도니아에 뛰어난 명마가 있었는데 너무 사나워 길들일 수 없었어.
히이잉
또 탈 사람 없니?

내가 한번 타볼게.
다리에 털도 나지 않은 게 까불어.
으음

하지만 얼마 후 아주 놀라운 일이 일어났지.
쟤네들 사귀나 봐?

말이 햇빛에 비친 그림자에 놀라 날뛰는 걸 알고 말을 돌려세운 뒤 탄 거야.
와, 나만큼 똑똑한 친구네!
넌 알렉산드로스 대왕 발뒤꿈치도 못 따라가.

알렉산더 대왕으로 더 많이 알려진 알렉산드로스는 20세에 왕위에 올랐어.
그리스의 대학자 아리스토텔레스에게 배웠어.
어쩐지. 고액 과외를 했구먼.

알렉산드로스는 왕이 되자마자 페르시아 원정을 결심하게 돼.
한입에 먹어버리겠어!
페르시아

기원전 334년 알렉산드로스는 마케도니아군과 그리스 연합군을 이끌고 페르시아로 쳐들어가 그라니코스 전투에서 크게 이겼어.

* 그라니코스 강 전투

이어서 페르시아 함대의 근거지인 티루스와 가자 등을 점령한 알렉산드로스는 결국 페르시아를 정복했지.
난 아직도 배고파.
쩝쩝
에잇, 욕심쟁이!
다리우스 3세

알렉산드로스는 10년 만에 유럽, 아시아, 아프리카에 걸친 대제국을 건설했어.
그곳에 자신의 이름을 딴 도시인 알렉산드리아를 70개나 세웠어.

그 도시들은 그리스 문화를 동쪽으로 옮기는 중심이 되었지.
그리스 문화
헬레니즘 문화
오리엔트 문화

내가 한 일 중 최고야!
알렉산드로스가 죽은 후 대제국은 마케도니아, 시리아, 이집트로 갈라졌어.

그 당시 중국에서 온 이주민은 철기 문화를 가지고 있어서 그들의 영향으로 한반도는 철기 문화가 발달하기 시작했어.

그 후 고조선이 한나라에 망하면서 한반도에 철기 문화가 본격적으로 퍼졌지.

사실 청동기는 재료를 구하기가 어렵고 만들기도 쉽지 않았지.

하지만 철기는 청동기에 비해 만들기가 쉽고 재료를 구하기도 수월했어.

그 후 사람들은 너도나도 석기 대신에 철기를 사용했지.

특히 쇠도끼와 낫은 평소엔 농기구로 썼지만 전쟁 때는 무기로 썼어.

철제 무기가 발달하면서 그만큼 나라 사이에 전쟁이 잦아졌어.

돌이나 청동으로 만든 무기는 철제 무기 앞에서 더 이상 맥을 못 추게 되었어.

결국 철제 무기가 발달한 나라가 다른 나라를 정복했지.

* 한나라의 장안 성

* 장형이 만든 지동의

중국은 진이 멸망하고 혼란이 계속되다가 한에 의해 다시 통일이 이루어졌는데,
조용히 보낼 때 가라!
밀지 마!
한
진

그 과정에서 많은 유민이 요동과 한반도로 들어왔지.
쌩쌩
휴, 반기는 건 바람뿐이네.

이 무렵 위만이 무리를 이끌고 고조선에 망명했어.
이제 다 왔소.
고조선

위만은 준왕의 신임을 얻어 서쪽 변경을 수비하는 임무를 맡았고,
잠시 검문이 있겠습니다.

박사에 임명되면서 100리의 땅을 받았어.
위만 박사, 잘해!
조그만 땅덩어리 주고는 큰소리여.

위만은 유민을 모아 차츰 자신의 세력을 길렀지.
그만, 쑥스럽소.
위만, 위만!
위만이 최고야!

어느 날 위만은 준왕에게 사람을 보내 한나라가 공격을 하니 왕을 호위하겠다고 거짓으로 보고했어.
한나라가 쳐들이옵니다요.
소신이 있으니 걱정일랑 붙들어 매세요.

위만은 안심하고 있는 준왕을 쳐서 정권을 빼앗았어.
아야!
쯧쯧, 믿는 도끼에 발등 찍혔군.

국호는 그대로 조선으로 한 뒤 왕검성에 도읍해 나라를 세웠지.
이 의자 앉을 만하군.
들썩
들썩

이때부터 고조선을 위만 조선 혹은 위씨 조선이라고 했어.
나라에 내 이름을 붙이니 기분 좋네.
위만 조선

그들은 발달된 철기 문화를 바탕으로 주변 세력을 누르고 중계 무역으로 큰 이익을 얻었지.
흠, 우리를 누가 이겨?
잘하고 있어.

게르만족은 고대 유럽의 게르만계 민족들을 가리키는 말이야.
내 보물단지, 어서 쑥쑥 자라라.

하지만 게르만족의 소와 말은 로마인이 보기에 품질이 좋지 않았지.
삐쩍 마른 걸 길러서 뭐해?
쉿! 양이 들으면 화내요.

게르만족은 서로 의사소통이 가능한 방언을 사용했어.
내 욕 했지? 나도 알아듣는 말을 써.
쏙닥 쏙닥

게르만족의 주된 신체 특징은 금발에 파란 눈이야.
저 미개인들, 머리하고 눈은 정말 일품이야.

그리고 게르만족은 자기네만의 신화와 이야기를 가지고 있었지.
옛날 옛날에 용감한 사람이 살았는데….

가정용품은 대부분 나무와 가죽과 진흙으로 만들었어.
내가 장가는 잘 갔어.

게르만족은 청동기 시대 말 스웨덴 남부, 덴마크 반도, 독일 북부 지방에서 살았다고 해.
그 기원이 분명하지는 않아.

로마인은 게르만족을 라인 강과 도나우 강 경계 밖에 묶어두려고 갖은 애를 썼지.
말 잘 들으면 들어오게 해줄게.
게르만족 접근 금지

하지만 기원전 2세기경 게르만족은 갈리아 남부와 이탈리아 북부로 쳐들어왔어.
이제 로마는 죽었어!
쿵쾅 쿵쾅

그들은 기원전 102~101년에 로마의 마리우스에 의해 섬멸되고 말았지.
무기도 시원치 않은 것이 까불어.

게르만족의 주 무기는 긴 창이었고, 칼을 가진 사람은 별로 없었어.
가벼운 나무나 고리버들로 만든 방패가 유일한 방어용 무기였대.
그걸로 어떻게 칼과 싸워?

그래서 게르만족은 로마군과 싸울 때는 신속하고 맹렬하게 돌진했지.
죽기 살기로 달려드는군.

고조선의 왕이 된 위만은 왕권을 강화하고 대외적으로 팽창 정책을 펼쳤어.
고조선 땅 넓히기

한편 무제는 고조선의 팽창에 위협을 느껴 위만을 달래려고 사신을 파견했지.
특산품인 한나라 당근이옵니다.
쳇, 내가 말이야?

하지만 고조선은 오히려 요동 땅을 공격해 한나라를 위협하기도 했어.
좋은 말로 할 때 가라!
한

양복 장군, 즉시 왕검성을 공격하시오!
군사 7,000명이면 충분합니다.

그러나 양복 장군은 싸움에서 패해 군사를 모두 잃고 산으로 도망쳤어.
아이고, 창피해!
깨갱!

그 후 무제는 여러 번 공격하고 강화를 제의하기도 했지.
저승 가는 길
강화 가는 길

하지만 고조선을 설득하는 데 실패했어.
바부, 길이 그것밖에 없니?
xxx
ooo

여봐라, 고조선의 수도 왕검성을 다시 공격하라!
벌떡

후유~! 제발 문 좀 열어줘.

고조선의 병사는 1년이 넘도록 굳건히 항쟁했지만 결국 항복하고 말았지.
폐하, 전쟁에서 이겼는데 왜 벌을 내리십니까?
어쨌든 작전은 실패했어.

고조선의 멸망은 우리 역사의 비극으로 볼 수 있어.
우리나라 최초의 고대 국가가 멸망한 셈이네.
한 무제는 고조선 땅에 한사군을 설치했지.

그 후 한나라에 맞서 저항 운동이 거세게 일어나면서 민족 자각이 생겨났지.
한나라는 물러가라!
물러가라, 물러가라!

카이사르는 고대 로마 제국의 장군으로 로마 제국의 기틀을 세운 정치가야.
줄리어스 시저라고도 불러.
아하, 그 유명한 시저 장군!
음

카이사르는 귀족의 아들로 태어나 젊어서 수사학을 공부하여 변론에 능했어.
보는 눈이 많아서 어딜 못 가겠어.

문장에도 뛰어났던 카이사르는 기원전 69년에 재무관이 되었으며,
출세
재무관 카이사르가 간다.

기원전 60년 자신을 반대하는 원로원에 맞서 폼페이우스, 크라수스와 손을 잡고 제1회 삼두 정치를 펼쳤어.
카이사르, 집정관에 꼭 당선시켜줄게.
폼페이우스, 자네 땅 필요하지?
좋아, 좋아. 다음번 집정관은 나야.

다음 해 집정관이 된 카이사르는 폼페이우스와 크라수스의 지원으로 농지법을 개혁하고 원로원을 약화시키는 데 힘을 쏟았지.
새 술은 새 통에 담아야 돼.
우리 집에도 새 통 있는데 가져다줄까?

비록 카이사르는 독재 정치를 했지만 가난한 사람들에게 토지를 나눠 주고,
카이사르를 국회로!
명문서

태양력인 율리우스력을 만들고 정치를 바로잡는 등 여러 가지 개혁을 했어.

* 카이사르 흉상

그뿐만 아니라 기원전 58년 갈리아 정복의 길에 올라
정복, 정복, 오로지 정복!

9년 동안 800군데 이상의 도시를 정복했고, 300여 부족을 굴복시켰지.
아직 내가 서 있기에는 좁아.

이어 게르마니아 등으로 원정을 떠나 로마의 영토를 확장하면서 이름을 크게 떨쳤어.
온통 카이사르 이름뿐이네.
카이사르 카이사르

카이사르는 갈리아 정복으로 병력, 재물, 명성을 얻었지.
로마와 지중해를 떡 주무르듯 주무를 거야.
로마 지중해

옛날 부족 사회였던 진한 땅에는 여섯 마을이 있었고, 각 마을은 촌장이 다스렸어.
양산촌
고허촌
대수촌
진지촌
가리촌
고야촌
여섯 마을은 별 다툼 없이 잘 지냈대.

기원전 69년 어느 날 여섯 촌장이 알천 언덕 위에 모여 하늘에 제사를 지내고 있었지.
우리를 잘 이끌어줄 사람을 보내주세요.
아니면 저를 대표로 삼게 해주세요.

그때 갑자기 숲 속에서 말 울음소리가 들려왔어.
신성한 제사에 웬 말 울음소리?
히이잉

촌장들이 가서 보니 우물 옆에 백마가 무릎을 꿇고 절을 하듯 앉아 있었지.
예삿일은 아닌 것 같소.
무슨 일인지 살펴봅시다.

놀랍게도 백마 옆에는 빛나는 큰 알이 있었어.
사람은 안 내려보내고 웬 알이야?

이게 무슨 알이지?
어서 깨봅시다.
응애~ 응애!

알을 깨자 기이하게도 그 속에서 한 사내아이가 나왔는데,
응애~ 응애!

아이를 목욕시켰더니 몸에서 빛이 나고 새와 짐승 들이 춤을 추었대.
하느님의 아들이 하늘에서 내려온 게 분명해.

촌장과 마을 사람들은 아이의 이름을 '박혁거세'라고 지었지.
박은 성일 테고.
혁거세는 큰 빛이 되어 세상을 다스린다는 뜻이야.

기원전 57년 열두 살이 된 박혁거세는 기골이 빼어나고 매우 영특했어.
박혁거세를 왕으로!
완전 단독 후보야.

왕이 된 박혁거세는 국호를 서나벌(서라벌), 왕호를 거서간이라고 정했지.
그 후 박혁거세는 나라를 잘 다스리다 죽어 하늘로 올라갔대.

* 반대파에게 암살당하는 카이사르

물의 신 하백의 딸 유화, 훤화, 위화가
더위를 피해 연못에서 놀고 있었는데,
호호!
아, 시원해!
호호호!

그때 오룡거를 타고 내려오던
천제의 아들 해모수의 눈에 띄었지.
딱 내 스타일이야!

해모수는 세 처녀를 꼬드겨 술을 먹여
취하게 만든 뒤 문을 걸어 잠갔지.
나만큼 착한
늑대 봤어?

훤화와 위화는 도망쳐 나왔으나 유화는
그만 해모수에게 붙잡혔어.
넌 누군데 우리
딸을 납치했느냐?
천제의
아들이옵니다.

얼른 하늘로 올라가.

하지만 해모수는 홀로 떠났고
하백은 유화를 내쫓았지.
꼴도 보기 싫으니
멀리 가서 살아라!

어느 날 동부여의 왕 금와가 우발수로
나들이를 갔다가 우연히 유화를 만났어.
나와 함께 궁궐로
갑시다.
식을 줄 모르는
이 인기.

그런데 궁궐로 들어온 유화에게 계속
햇빛이 비치더니 임신을 했고 커다란
알을 낳았지.
금와는 불길한 징조라면서
알을 돼지우리에 버렸어.

그러나 돼지들도 알을 먹지 않았고,
도끼로 내리쳐보기도 했지만 꿈쩍도
하지 않았어.
아이고, 팔 저려!
탱탱!

유화는 알을 따뜻하게 덮어줬고, 얼마 후 알에서 사내아이가
태어났는데, 날 때부터 보통 아이와는 달랐어.
일곱 살짜리가 웬
활을 저렇게 잘 쏴!
쟤를 '주몽'이라고
불러야겠어.

하지만 금와의 아들들이 주몽을 시기해 죽이려 하자
주몽은 남쪽으로 내려가 졸본 부여에 자리 잡고
고구려를 세웠지.
주몽은 주변 국가를 정복해서
점점 세력을 넓혔어.

안토니우스가 본부인과 이혼을 하고 이집트의 여왕 클레오파트라와 결혼했지.

결국 동부 로마와 서부 로마 사이에 내전이 일어났어.

전선 500척과 7만 명의 보병을 거느린 안토니우스와 옥타비아누스가 악티움에서 해전을 벌였으나

* 악티움 해전

안토니우스의 연합 함대는 규모는 컸지만 속력이 느려 빠른 배를 가진 옥타비아누스와 아그리파 장군에게 패배하게 돼.

전쟁터에서 도망쳐 나온 클레오파트라와 안토니우스는 스스로 목숨을 끊었어.

악티움 해전을 계기로 로마는 공화제에서 군주제로 바뀌었고,

로마는 지중해 지배를 통해 세계 제국으로 발전하게 돼.

하지만 비류는 미추홀의 땅이 습하고 물이 짜 자리 잡는 데 실패해 죽었고, 그 백성은 온조의 나라와 합쳐졌어.

백제의 유적을 살펴보면 백제를 세운 사람들이 부여와 고구려 계통이라는 사실을 알 수 있어.

* 백제의 유적 중 하나인 몽촌토성

로마의 초대 황제인 아우구스투스의 본명은 가이우스 옥타비아누스야.

* 아우구스투스 흉상

그는 서민 출신이었지만 어머니가 카이사르의 조카였어.

옥타비아누스는 아버지가 죽은 후 카이사르의 보호를 받았지.

기원전 44년 카이사르가 암살된 후 그의 유언장이 공개되었고,

옥타비아누스는 그 즉시 가이우스 율리우스 카이사르 옥타비아누스로 개명했어.

옥타비아누스는 카이사르의 남은 군대를 장악하면서 반대파를 추방했지.

기원전 42년에는 카이사르의 암살자인 브루투스와 카시우스를 격파했어.

그 후 옥타비아누스는 악티움 해전에서 승리해 패권을 잡았지.

로마의 내전도 끝이 났고, 옥타비아누스는 원로원에서 그 공로를 인정받았어.

옥타비아누스는 황제가 되자마자 공화정 복귀를 선언했지.

사실은 카이사르처럼 암살당하지 않기 위해 원로원과 로마 시민을 속였을 뿐이야.

로마 제정이 시작된 후로도 로마의 모든 권위와 권력은 황제에게 있었어.

유리가 고구려 태자가 된 지 얼마 뒤 동명왕(주몽)이 하늘로 올라가서 내려오지 않았어.
아버님, 만나자마자 이별이옵니까?

유리는 부왕이 남긴 옥 채찍을 부왕 대신 용산에 장사 지내고 왕위를 이어받았지.
이때가 기원전 19년이야.
부여에서 온 보람이 있네.

기원전 9년에는 국경을 넘나들며 노략질을 일삼는 선비족을 토벌했어.
손들어!
아이고, 들켰네.

기원후 3년 유리왕은 수도를 졸본에서 국내성으로 옮기고 위나암성을 쌓아 부여를 경계했지.
진작 알았으면 땅을 사놓는 건데.
흥, 땅 살 돈이나 있어요?
국내성

고구려의 도성은 평지성과 산성이 한 조인데 국내성은 평소 거주하는 평지성, 위나암성은 전시 때 사용하는 산성이야.
아이고, 숨차! 두 집 살림 하기 힘드네.
헉헉!
위나암성
국내성

위나암성 뒤에는 가파른 능선, 앞에는 통거우 강이 있었지.
쳐들어오는 적을 쉽게 마을 수 있는 좋은 곳이야.

국내성과 압록강까지 내려다보이기 때문에 적의 움직임을 한눈에 관찰할 수 있었어.
대장 나와라, 오버. 쥐새끼 한 마리 안 보인다.

게다가 위나암성은 공격 통로인 남문 한 곳만 막아하면 난공불락의 산성이었지.
그래서 13년에 쳐들어온 부여를 물리칠 수 있었어.
우리 선조의 뛰어난 지혜를 짐작할 수 있군.

국내성은 평양으로 수도를 옮기기 전까지 400여 년 동안 고구려의 수도였으며,
평양으로 천도한 후에도 정치·군사적 중심지였지.

고구려는 국내성을 중심으로 영토를 넓히고 문화를 발달시켰어.
고구려의 중심 국내성 성주올시다.

오늘날 성의 원형은 많이 손상되었지만 고구려 성곽의 면모를 잘 보여주고 있지.
국내성의 축조 방법은 조선 후기까지 이어져 내려왔대.

예수만큼 인류 역사를 크게 바꿔놓은 존재는 없어.
'하느님은 구원해주신다.' 히브리어 예수의 본래 의미야.
그럼 그리스도는?

그리스도는 '기름 부음 받은 자', 즉 '구세주'를 의미해.
살아계신 하느님의 아들 그리스도께서 말씀하시기를….

'예수 그리스도는 어떤 사람인가?'라는 물음은 오늘날까지 계속 제기되고 있지.
세계 최대 종교를 창시한 분이잖아?
그렇게 간단하지가 않아.

목수 요셉과 그의 아내 마리아는 호구 조사에 응하기 위해 베들레헴에 왔는데,
좀 쉬었다 가요.

빈방이 없어 마구간에서 하룻밤을 묵게 되었고, 그곳에서 예수가 태어났어.
우리 망아지와 태어난 곳이 같네.

예수가 태어나던 날 밤 천사가 양치기들에게 예수의 탄생을 알렸지.
하느님에게 영광, 사람들에게 평화.

예수가 태어난 후 그 일가는 유아를 죽이라는 헤롯의 명령에 이집트로 피신했고,
야반도주 아니거든요.

헤롯이 죽은 후 나사렛으로 돌아온 예수는 부모에게 순종하며 살았어.

* 예수와 그의 가족

예수가 열두 살 때 예루살렘에 갔는데 학자들과 성서에 대해 토론을 벌였지.
조숙한 거야, 똑똑한 거야?

세례자 요한에게 세례를 받은 예수는 사람들에게 하느님의 용서와 사랑을 전파하기 시작했어.
하느님을 믿는 자만이….
믿사옵니다!

그 후 예수가 행한 기적들로 그를 따르는 무리가 크게 늘어났지.
앉은뱅이가 일어나 걸었다!
죽은 사람을 살렸다!

하지만 유대교 지도자들에게 고발당한 예수는 십자가에 못 박혀 숨을 거뒀어.
하느님, 어찌하여 나를 버리시나이까?

* 김해 구지봉 전경

* 실직국: 진한에 속한 나라
* 음즙벌국: 변진에 속한 나라

* 수로왕릉

그리고 알과 상자가 모두 황금빛인 것은 철기 문화를 뜻하는 거야.

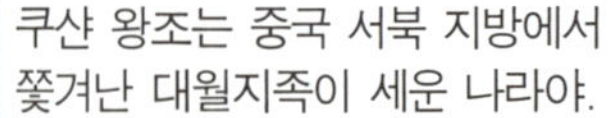

* 박트리아: 기원전 3세기부터 기원전 2세기까지 서아시아에 있던 고대 국가

* 카니슈카의 금화

낙랑군은 한나라의 무제가 기원전 108년에 세운 한사군 중 하나야.
아, 호동 왕자와 낙랑 공주의 그 낙랑?
잘 아네.

낙랑군은 한사군 중에서 마지막까지 남은 곳이지.
우리가 한사군의 중심이에요.

한사군이 설치되어 실제로 고조선을 통치한 곳은 낙랑군과 현도군 정도였지.
임둔군과 진번군은 100년 정도밖에 있지 않았어.
강산이 열 번 변했으니 짧은 건 아니네.

현도군도 두 차례나 이동했기 때문에 한사군의 문화는 대체적으로 낙랑 중심의 문화라고 볼 수 있어.
평양 근교와 황해도에 낙랑 고분이 퍼져 있어.

고분에서는 향로, 거울, 칠기, 순금 허리띠 등 화려한 장식품이 많이 출토되어 낙랑의 화려한 문화생활을 엿볼 수 있지.
와, 저게 돈으로 치면 다 얼마냐?
그런 것만 따지지 말고 낙랑 문화의 수준이나 눈여겨봐.
낙랑 고분에서 출토된 순금 허리띠

2세기 후반, 중국이 혼란해지자 요동 태수였던 공손탁이 낙랑군까지 지배했어.
내가 왕이여!
왕 같지도 않은 지에게 지배를 받다니.

이때는 강성한 고구려와 한나라 때문에 낙랑군은 주변의 작은 나라들을 이기지 못했지.
그래서 일부 낙랑군의 유민이 삼한으로 도망가기도 했어.

204년 공손탁의 아들 공손강은 낙랑군의 남쪽 현을 분리해 대방군을 설치했어.
삼한으로 가는 낭랑군이 유민을 막아라.
맡겨만 수십시오.

238년 위 명제가 낙랑군과 대방군을 평정했고 그 후 백제와 고구려의 공격도 받았지.
완전 동네북이네.
빨리 여기서 벗어나야 해.
낙랑군

300년경에는 5호 16국 시대 혼란이 시작되면서 고구려가 적극적으로 낙랑군을 공격했어.
이제 한 방이면….
고구려
낙랑군

결국 낙랑군은 313년 고구려 미천왕의 공격을 받고 한반도에서 축출되었지.
고구려에 의해 고조선의 옛 땅이 어느 정도 회복된 거야.

* 오늘날의 콘스탄티노플(터키의 이스탄불)

* 콘스탄티누스 개선문

고구려는 중국의 전진과 우호 관계를 맺고 있었어.
우린 친한 친구!
전진
고구려

소수림왕 2년인 372년 전진의 왕은 사신과 승려 순도를 고구려에 보냈지.
나무아미타불.
갈 길이 멉니다.

그때 불상과 불경을 보내왔는데, 고구려에 처음으로 불교가 전래된 거야.
불교가 그토록 좋은 종교요?
욕심 없는 소승의 얼굴을 보시지요.

소수림왕과 고구려 신하는 순도를 정중하게 대접했고 불교를 공인하기에 이르렀어.
불교의 참뜻을 널리 고구려에 퍼뜨리고 틈틈이 왕자도 가르쳐주시오.
전하의 뜻을 받들겠사옵니다.

순도는 뒤에 흥국사라고 이름을 바꾼 성문사에 거처하며 고구려 사람에게 불교를 퍼뜨렸지.
세속의 욕심을 버리고 마음을 비우시오.
흥국사

사실 순도가 어느 나라 사람이며, 언제 고구려에 들어왔는지는 확실치 않아.
중국인 승려가 아닌 것만은 확실하대.
그럼, 별 볼 일 없잖아?

하지만 순도는 덕망이 고매하고, 자비롭고 너그러운 인품을 지닌 사람이었어.
내가 불교 교리만은 확실히 가르쳐줄게.
귀에 쏙쏙 들어오게 해주세요.

그로부터 2년 뒤인 374년에는 승려 아도가 고구려에 왔지.
나도 왔소.
잘 왔네.

고구려는 초문사를 지어 순도를 머물게 하고, 이불란사를 지어 아도를 머물게 했어.
어느 쪽으로 갈까?
아도의 절
순도의 절

그 후 고구려의 불교가 발전했고 고구려인의 정신적 기틀이 되었지.
덕분에 백성을 하나로 모아 나라의 힘을 키울 수 있었어.

그러나 고구려 말 도교가 전래되면서 배불 정책을 시행했어.
그럼, 소승은 일본으로….
소승은 신라로 가겠습니다.

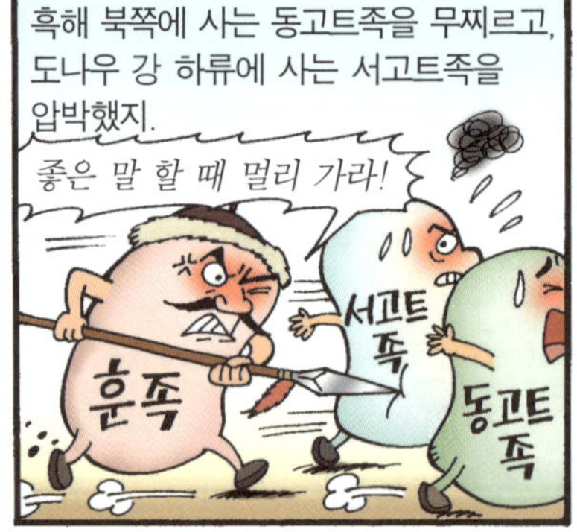

* 게르만족의 대이동

그 후 그들은 로마 제국의 영토 안에 게르만족 국가를 세우게 되었지.

백제에서는 동명신(주몽)·국모신(유화 부인)·구태신(고이왕)을 모시는 민간 신앙이 있었어.

콘스탄티누스 황제 덕분에 밝은 세상으로 나온 그리스도교는,
선크림이라도 바를걸. 얼굴이 타겠어.

테오도시우스 1세에 의해 392년 로마의 국교로 승인받게 돼.
그리스도교를 국교로 삼아 크게 키우겠노라!
만세!!

테오도시우스는 그리스도교 역사가들에게서 대제(위대한 황제)의 칭호를 받았지.
동로마와 서로마 모두를 통치한 마지막 황제였어.

379년경 로마 제국의 동방에서는 그리스도교와 훗날 이단으로 규정된 다른 종파들이 대립하고 있었어.
으르렁
그리스도교
아리우스파

그리스도교인은 니케아 공의회에서 결정한 삼위일체설을 옹호했고,
예수는 인간이며 또한 신이요, 동시에 성령이다.

아리우스파를 비롯한 다른 종파들은 의견을 달리했지.
예수는 신도 아니고 사람도 아니야!
지옥에 가고 싶니?

그 무렵 테오도시우스 황제도 니케아 신조, 즉 삼위일체설을 신봉하고 있었어.
내가 확실하게 밀어줄 테니까 열심히 믿어.
음
해가 떠도 황제, 달이 떠도 황제, 황제가 최고야!
성부 성자 성령

테오도시우스는 제국 내에서 신앙의 통일을 이룩하기 위해 온 힘을 기울였지.
삼위일체설만 믿어!
흥!
그건, 제 마음이거든요.

380년 2월 28일 테오도시우스는 교회에 자문도 구하지 않고 칙령을 발표했어.
모두 니케아 신조를 믿으래.
신의 은총으로 황제가 된 분은 달라.

이때부터 삼위일체설을 믿는 사람만 정통 그리스도교인으로 인정받았지.
그때 가톨릭이라는 호칭도 처음 썼어.
난 전혀 다른 종교인 줄 알았는데.

391년에는 로마와 이집트에서 모든 비그리스도교 의식을 못 하게 했어.
이교 숭배는 불법이다!
우리 아들 장난감인데요?

고국양왕의 아들이자, 장수왕의 아버지인 고구려의 광개토왕.
오늘날에는 왕이라 부르지 않고 대왕이라 부르지.
왕과 대왕, 뭐가 달라?

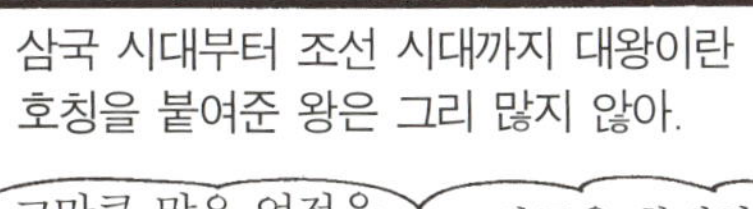

삼국 시대부터 조선 시대까지 대왕이란 호칭을 붙여준 왕은 그리 많지 않아.
그만큼 많은 업적을 남긴 훌륭한 왕이었다는 뜻이야.
한글을 창제한 세종 대왕처럼 말이지?

광개토왕의 어릴 적 이름은 담덕이었는데, 말타기와 활쏘기를 좋아했어.
기백과 풍모도 남달랐고 무술 또한 아주 뛰어났어.

담덕이 궁에서 신하들과 잔치를 즐기고 있는데,
마마, 맛있는 다리이옵니다.
그래, 태자 때부터 잘 보여야지.

매우 덩치가 크고 사나운 호랑이 두 마리가 담을 넘어 궁궐 안으로 들어왔지.
걸음아, 나 살려라.
내 활과 화살을 갖고 오너라!

무사가 활과 화살을 가지러 간 사이 담덕은 꼼짝 않고 호랑이들을 노려보았어.
파팟!
쟤 눈빛 좀 봐.
아이고, 무서워!

가져온 활에 화살을 메겨 담덕이 호랑이들을 겨누자 놀란 호랑이들은 도망갔지.
별것도 아닌 것들이 까불어!
마마, 대단해요!

그토록 용맹했던 담덕은 12세에 태자가 되었고 17세에 고구려의 19대 왕이 되었어.

* 광개토왕

담덕이 태자로 책봉되었을 무렵 고구려는 적대국들로 사방이 둘러싸여 있었지.
사방이 온통 적이지만 반드시 내 앞에 무릎 꿇리겠어!

왕위에 오른 담덕은 고구려를 강성하게 만들고 영토를 넓히는 데 힘을 쏟았어.
가슴이 탁 트이는군.
모든 게 폐하의 업적이옵니다.

그 후 고구려는 전성기 때 매우 넓은 영토를 지금의 중국 쪽에 갖고 있었지.
지금의 만주, 요동 등이 고구려 때는 모두 우리나라 땅이었어.

로마 제정은 아우구스투스가 황제 지배 체제 혹은 원수정을 시작한 기원전 27년부터 서로마 제국이 몰락한 476년까지를 일컬어.

전성기 때 로마 제국은 기존의 영토에 이어 북쪽으로는 브리타니아, 남쪽으로는 팔레스타인 지역까지 영토를 넓혔지.

* 초록색 부분이 로마 제국의 영토

이러한 패권주의는 로마 제국에 막대한 부를 안겨주었을 뿐만 아니라,

로마의 건축, 법, 정치 등의 문화를 고대 지중해 세계에 널리 전파시켰어.

19세기 근대 역사학자 랑케는 로마 문화를 호수로 비교했지.

하지만 로마 제국은 3세기에 군인 황제들이 출현하면서 내전과 이민족의 침입으로 황폐화되고

제국 방어에 구멍이 생기는데, 이때 디오클레티아누스 황제가 나타났어.

그는 전제 군주정을 세워 황제의 권한을 강화했고 제국을 네 개로 분할했지.

그가 퇴위한 후 콘스탄티누스가 단독 황제 자리에 올라 로마 제국을 재통일하게 돼.

394년에는 서방 황제를 물리친 테오도시우스가 로마 제국의 유일한 황제가 되었지.

하지만 395년 테오도시우스가 죽으면서 두 아들에게 제국을 둘로 나누어 물려줬어.

400년경 가야가 왜와 손을 잡고 신라로 쳐들어왔어.
신라가 우리 땅이 되면 한몫 떼어 줄게.

고구려에 도움을 청하라!
벌벌

결국 신라는 고구려에 애걸해서 군사를 지원받게 돼.
알았으니 이것 좀 놔라!
제발 도와주십시오.

고구려의 광개토왕은 5만 명의 군사를 신라로 보내 가야와 왜의 연합군을 궤멸했어.
너 때문에 망했스무니다.
너가 아니라 당신이야. 말 똑바로 해.
고구려군

고구려는 신라의 수도 금성에 주둔군을 남겼고 신라 왕과 그 일행이 직접 평양으로 가 고구려 왕에게 조공을 바쳤지.
고구려의 신하 나라가 되어 대왕을 섬기겠사옵니다.

이후 고구려의 간섭이 심해져 신라는 이차의 아들 실성을 고구려에 볼모로 보냈어.
후에 신라로 돌아온 실성은 왕이 되었어.
고구려가 압력을 넣었겠네.

고조선과 부여를 계승한 고구려는 천하의 중심이라고 자임했지.
우리를 통해 고조선은 꼭 부활할 거야.

495년쯤 만들어졌다고 추정하는 중원 고구려비에서 신라 왕은 '동이매금'으로 일컬어져.

* 중원 고구려비

'매금'이란 신라 왕의 칭호였던 '마립간'이고, '동이'는 신라를 가리켜.
동북아시아의 중심은 고구려야.
그래서 우리를 동이라고 했군.
고구려
신라

신라는 광개토왕이 세상을 떠나자 그 왕릉에서 크게 제사를 지냈어.
와, 제사까지! 큰 은혜를 입었다고 생각했나 봐?
망할 뻔한 나라를 구해줬으니 그렇지.

제사 지낸 것을 기념해 청동 그릇까지 만들었지.
그 그릇은 신라 귀족의 무덤인 경주 호우총에서 나왔어.

서고트족은 게르만족 중 가장 중요한 부족의 하나로 로마 제국의 변방에서 살았어.
변두리에 산다고 깔보지 마!

고트족의 일파 중 서쪽으로 진출한 부족을 서고트족이라고 부르는데,
동쪽으로 간 부족은 동고트족이겠군.
당연한 얘기인데 폼 잡기는….

동고트족은 통일을 이루고 왕국으로 발전하는 중이었지.
나라가 있는 쟤들은 좋겠다.
동고트왕국

당시 서고트족은 여러 부족으로 나뉘어 여러 족장이 다스리고 있었어.
자네 부족은 어때?
덕분에 잘 지내.

하지만 서고트족은 이미 아리우스파의 교리를 받아들이는 등 꽤 문명화되어 있었지.
나처럼 종교 믿고 유식한 여자 봤어?

376년 서고트족은 훈족의 공격을 받고 도나우 강을 건너 로마 제국으로 쫓겨 왔어.
들어가도 되나요?
그래, 들어와.
로마제국

그러나 서고트족의 이주를 허락한 황제와 달리 트라키아 속주 총독은 그들을 착취하고 괴롭혔지.
밥값은 했니?
밥 먹을 땐 개도 안 건드리는데.

결국 착취를 견디다 못한 서고트족은 반란을 일으켜 로마 속주들을 약탈했고,
가진 것 다 내놔!
뒤져서 나오면 다 가져.

378년 로마 황제 발렌티니아누스의 군대를 쳐부수고 황제를 죽였어.
그 후 서고트족은 정착할 곳을 찾아 4년 이상 떠돌았어.
고생해도 싸다, 싸!

382년 테오도시우스 1세는 서고트족을 만나 협상을 벌였지.
모에시아 땅을 줄 테니 로마 국경을 지켜줘.
이게 웬 떡!

하지만 그것도 잠시, 한때 로마군에서 고트족 부대를 지휘하기도 했던 알라리크는
로마군 지휘해!
앞으로 조용히 지내겠습니다.

테오도시우스가 죽자 반란을 일으켜 410년 로마까지 점령하고 약탈했지.
그 뒤 서고트족은 415년 에스파냐에 거대한 왕국을 세웠어.

백제는 두드러진 개척 정신으로 동남아시아와도 교류했던 해상 왕국이었어.
서해가 우리 앞마당이야!

그뿐만 아니라 백제는 뛰어난 기술력과 창의성을 바탕으로 빼어난 문화를 창조했지.

* 백제 금동대향로

특히 근초고왕 때는 백제가 융성하던 시대로 문화도 대단히 발달했어.
영토도 근초고왕 때 가장 넓었지.
백제의 광개토왕이라고 할 수 있겠네.

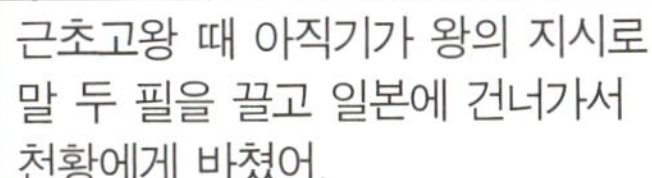

근초고왕 때 아직기가 왕의 지시로 말 두 필을 끌고 일본에 건너가서 천황에게 바쳤어.
제가 책임지고 이 말을 기르도록 하겠습니다.
고작 말 기르는 일이나 할 사람이 아니야.

오진 천황은 그가 경서에 능통함을 알고 태자 우지노와키이라쓰코의 스승으로 삼았지.
공자 왈, 맹자 왈.
둘 다 '자' 돌림이네요?

아직기가 임기를 마치고 돌아갈 때 천황이 후임 학자를 청했고 왕인이 추천되었어.
부탁해요~.
백제에 가서 푹 쉬세요.

왕인은 《논어》 열 권과 《천자문》 한 권을 가시고 일본에 가서 우지노와키이라쓰코의 스승이 되었지.
저걸 언제 다 배워?

왕인은 경서에 통달했으므로 천황의 요청에 의해 군신에게 경과 사를 가르쳤어.
와타시와 센세이데스. 우리는 착한 학생.

왕인의 자손은 대대로 가와치 지방에 살면서 기록을 맡은 사가 되었지.
그들은 일본 고대 문화 발전에 크게 기여했어.

이때의 한문은 일본인에게 문화의 필요성을 깨닫게 해주었어.
덤으로 유교의 충효 사상도 가르쳐줄게.
덤은 무조건 좋아요.

이후 백제에서 일본으로 오경박사를 비롯해 직공, 화원, 의사 등이 건너갔지.
내리면서 번호!
하나.
둘.
셋.

지금 전라남도 영암군에는 왕인 석상과 왕인이 독서를 했다는 책굴 등이 있어.
무덤은 일본 히라카타에 있지.

남북조 시대는 한족이 세운 남조와 유목 민족이 세운 북조가 대립하다가 수나라가 통일할 때까지의 시기를 말해.
떠돌이 주제에 주인 노릇을 하려 하다니!
강남*에서 살면 다냐?
북조
남조

한나라가 멸망하면서부터 중국은 분열기로 접어드는데 보통은 삼국 시대와 남북조 시대를 합해 위진 남북조 시대라고 불러.
그때 남조에 여섯 왕조가 있어서 6조 시대라고도 해.
어떤 왕조들이야?
중국

* 강남: 양쯔 강 남쪽 지역

남조라고 불린 강남에는 송, 제, 양, 진의 네 개 왕조가 차례로 흥하고 망했어.
오나라와 동진까지 합쳐 6조라고 해.
오 동진

이 시대에는 강남이 크게 발전하여 중국 전체의 경제 기반이 되었지.
나 강남에 살거든.
강남 개발

남조는 정치적 혼란과는 달리 문화와 불교 등이 융성해 귀족 문화가 번영했어.
우리도 강남에서 살았어.
도연명: 〈귀거래사〉를 쓴 동진의 시인
왕희지: 중국 최고의 서예가

강남에서 동진에 이어 송이 건국하고, 화북에서는 선비족의 한 갈래인 탁발부가 북위를 세웠지.
누가 더 센지 해보자!
송
북위

북위는 5호 16국 시대의 혼란을 수습하고, 북방 유목민의 부족제를 해체했어.
그만 떠돌아다니고 내 밑에서 편하게 살아.

그러고는 귀족제에 바탕을 둔 중국적인 국가로 탈바꿈했지.
진작 귀족 할걸.
완전 살 만해.

그 후 남조에서는 송 이래로 제와 양, 진으로 이어졌고,
계속 나라가 바뀌니 정신이 하나도 없네.
왕조들이 길게 가지 못했어.

북위는 동위와 서위로 분열되었다가 동위는 북제, 서위는 북주로 이어졌어.
어디로 굴러갈지 잘 봐.

이후 북주를 찬탈한 수나라가 남조의 진을 멸망시킴으로써 남북조 시대는 끝이 났지.
내가 분열된 중국을 구했어.
남북조 시대

고구려는 4세기 후반부터 국력을 열심히 키우면서 영토를 넓혀갔으며,
힘이 있어야 땅을 넓힐 수 있어.

특히 5~6세기 초에는 북쪽으로 만주 일대까지
휴, 쓸모없는 황무지….
지금은 아니야.
마오쩌둥

남쪽으로는 대동강 유역에서 한강 유역까지 세력을 확장할 만큼 국력이 강했어.
고구려
백제
신라

* 고구려 전성기 때의 지도

고구려 제국의 영토는 광개토왕, 장수왕, 문자왕의 3대에 걸쳐 완성된 것이야.
모두 할아버지와 아버지가 물려줬어.

특히 장수왕은 다각적인 외교를 통해 서방의 안정을 이룩했지.
싸우지 말고 잘 지내자고.

또한 이를 토대로 왕권 강화와 중앙 집권 체제 정비에 더욱 힘을 기울였어.
중앙 집권 체제
왕권 강화
서방 안정

장수왕은 427년에 수도를 국내성에서 평양성으로 옮겼어.
국내성에서 잘 살고 있는데 뭔 난리래요?
우리의 세력을 약화시키려는 거야.
평양성으로 옮겨라!

평양 천도를 계기로 백제와 신라 방면으로 진출을 적극 추진했어.
남쪽에 기름진 땅이 많대.
난 전망 좋은 한강 근처에서 살고 싶어.
이주민 모집

하지만 결과적으로 북쪽 지역에 대한 지배권을 어느 정도 상실한 셈이 됐지.
빨리 북쪽에서 일어난 난을 평정하라!
평양성에서 너무 멉니다.

결국 평양 천도는 북쪽 국내성 세력과 평양성 세력의 대립을 일으키고 말았어.
말릴 힘도 없어.
후유

게다가 남하 정책을 추진하는 데 도움은 되었지만 한강 유역도 잃게 되었지.
고구려
신라

아우구스티누스는 신학자로, 서방 교회의 4대 교부 가운데 한 사람이야.
히포의 아우구스티누스로도 불려.
'누스' 돌림이라서 황제인 줄 알았네.

이름은 라틴어 아우구스툼에서 유래했는데 '좋은 징조의', '덕망 있는'이란 뜻이지.
영어식으로 어거스틴, 아우구스틴이라고 부를 때도 있어.

아우구스티누스는 354년 북아프리카의 작은 도시 타가스테에서 태어났어.
식민지가 아닌 로마 제국에서 태어났어야 했는데.
후유

아버지 파트리키우스는 이교도였으나, 어머니 모니카는 그리스도교인이었지.
제발 하느님을 믿어요.
싫어!

카르타고로 유학을 간 아우구스티누스는 키케로의 글을 읽고 철학에 심취하게 돼.
철학완성

어머니 모니카는 아들이 자기와 같은 그리스도교인이 되기를 원했어.
애야, 하느님을 믿어라.
전 마니교가 좋아요.

하지만 곧 마니교에 회의를 느껴 신플라톤주의자가 되어 수사학과 철학을 가르쳤지.
큰 소리로 읽어!
철학이 최고!

그러던 어느 날 밀라노의 주교인 암브로시우스의 설교를 듣고 큰 감동을 받았어.
아. 철학보다 더 뛰어난 진리가 있었네.

386년 세례를 받은 아우구스티누스는 고향에 돌아와 수도사 생활에 전념하게 돼.
우리 아지트지?
XX 수도회

마침내 아우구스티누스는 396년 히포 교구의 주교가 되었지.
어린 양들을 구원해주소서!

그는 하느님의 은총을 강조했으며, 신학과 서양 철학사에 지대한 영향을 미쳤어.

* 성 아우구스티누스

특히 아우구스티누스는 413년에 시작해 427년에 완성한 《신국론》을 썼지.
총 22권으로 '하느님의 나라'와 '세속의 나라'에 대해 서술했어.

* 웅진 시대 도성이었던 공주 공산성

서로마 제국은 옛 로마 제국의 서부를 통치하던 제국이야.
서부는 내 손아귀에 있었어.
476년에 망한 주제에 돌아온 총잡이 흉내는?

로마 황제 테오도시우스 1세는 로마 제국을 혼자 통치할 수 없다고 생각했어.
아이고, 이제 기력이 없어.

그래서 제국을 동서로 나눠 자신의 아들들에게 통치를 맡겼지.
잘 꾸미고 살아.
서로마 제국은 이때 만들어진 거야.

하지만 서로마 제국은 황제가 아닌 게르만족 군인이 실권을 장악했어.
시키는 대로 해!
힘이 없으니 말을 들을 수밖에.
후유~

그리고 제국이 분열된 뒤에 이민족의 침입이 더욱 많아졌지.
너도 해봐. 재미있어.

그중 게르만족 일파인 훈족과 고트족의 공격은 상당히 거셌어.
아프면 얘기해.

서로마 제국은 에스파냐와 아프리카 북부, 갈리아와 브리타니아, 게르마니아, 이탈리아와 로마를 포함한 영역이었지.
서로마제국
영국
갈리아
에스파냐
이탈리아
아프리카

* 서로마 제국 영역

그러나 이민족의 침입으로 인해 방위선이 무너져 국경 지대는 점차 관할에서 멀어졌어.
들어가도 되지?
오늘 날씨 참 따뜻하네.

마침내 서로마 제국은 476년 게르만족 용병 대장 오도아케르에 의해 멸망했지.
이제 그만 내려와.

오도아케르는 스스로 왕이라 칭하고 황제 자리는 동로마 제국에 반납했어.
오도아케르 황제가 보내셨습니다.

동로마 제국의 황제 제논도 일단 오도아케르를 인정할 수밖에 없었어.
빨라서 좋군.
주고받는 정이지요.

개로왕은 고구려의 남진 정책에 대항하는 한편, 날뛰는 대귀족도 통제해야 했어.
꼬응ㅡ

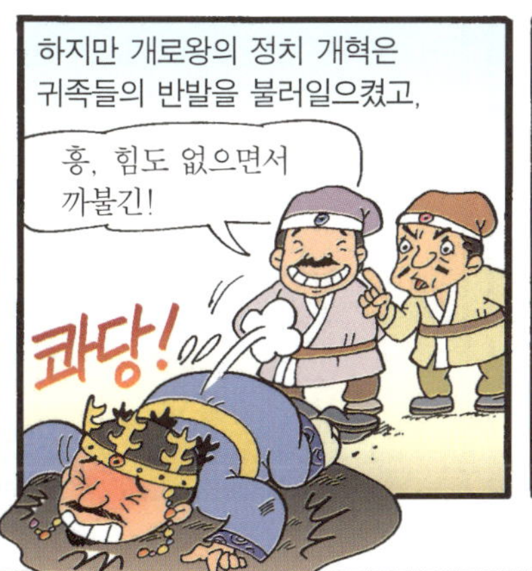
하지만 개로왕의 정치 개혁은 귀족들의 반발을 불러일으켰고,
흥, 힘도 없으면서 까불긴!
콰당!

왕실의 권위를 높이려고 벌인 토목 공사는 국력을 피폐하게 했고 백성의 원성을 샀지.
휴, 언제 끝나지?
일당이나 많이 주든가.

이 무렵 고구려는 백제를 공격해 북성을 7일 만에 함락하고 다시 남쪽으로 내려가서
북성

남성에 있던 개로왕뿐만 아니라 왕자들까지 모두 죽였는데 개로왕의 아들 문주가 신라의 구원병과 함께 왔을 때는 이미 늦었지.
헉!
아버님, 어찌 이런 기막힌 일이!

결국 백제는 한강 유역을 고구려에게 빼앗겨 한성 시대는 막을 내렸어.
한성 시대 끝

왕위에 오른 문주는 황무지가 된 한강 변 도성을 버리고 웅진 천도를 단행했지.
웅진에 가서 잘 살아보세.

웅진은 고구려와 신라의 침략을 막아해주는 천연의 요새지였어
북쪽은 차령산맥과 금강, 동쪽은 계룡산이 눌러싸고 있었거든.

또 금강을 통해 서해로 나아갈 수 있고 남쪽에는 호남평야가 펼쳐져 있었지.
여기 살기 좋네. 열심히 해.
으이그, 저 웬수!

문주왕은 무엇보다도 한강 유역에서 이주한 난민을 정착시켜야 했어.
정붙이고 살면 다 고향이야.
잘사는법

하지만 문주왕은 왕위에 오른 지 3년 만에 자객에게 죽임을 당했지.
아, 귀족한테 죽다니 원통해!
말 잘 들었으면 살았잖아?

고트족은 같은 민족이었으나 3세기를 전후해 동고트족과 서고트족으로 나누어졌어.
이대로 헤어지는 건가요?
같은 민족이라는 걸 잊지 마시오.
동고트족
서고트족

서고트족은 로마의 다키아 속주로 이주했고, 동고트족은 흑해 연안에 왕국을 세웠지.
이때가 동고트족의 전성기였어.
동고트족 만세!

그러나 370년경 훈족에게 패한 뒤 훈 제국에 병합되었고, 왕은 절망해 자살했어.
왕국의 앞날이 걱정이군.

그 후 동고트족은 약 80년 동안 역사적 기록에 나타나지 않다가
동고트족이라…?

로마의 연합군으로 도나우 강 중류 판노니아에서 살게 되었지.
같이 좀 앉자.
좁아죽겠네!

455년 훈 제국이 무너진 후 동고트족은 다시 이동하기 시작했어.
나, 갈게.
다시는 오지 마.

488년 동고트의 왕 테오도리크는 동로마 제국의 지원으로 오도아케르를 공격했지.
꼭 땅을 되찾아주게.

마침내 493년 테오도리크는 오도아케르를 몰아내며 동고트 왕국을 세웠어.
동고트 왕국
이탈리아에 세웠어.

테오도리크는 어린 시절 콘스탄티노플에서 질 높은 교육을 받았지.
실력으로 너희를 이길 거야.

뒷날 테오도리크는 로마의 귀족 칭호도 받고 집정관 직위에 올랐어.
무늬만 로마 귀족이야.

사실 테오도리크는 동고트족의 왕으로 있으면서 공식적인 황제 칭호를 못 받았지.
누가 뭐래도 난 서로마 제국의 계승자야.
서로마 제국

동고트족의 지배는 이탈리아, 시칠리아, 달마티아와 알프스 이남까지 미쳤어.
이때 동·서고트족이 다시 합쳐지기 시작했지.

부여는 한국의 고대 국가로 여겨지는 초기 국가 형태인 연맹 왕국 중 하나로,
단결, 단결, 파이팅!

쑹화 강 유역을 중심으로 만주 일대를 지배한 것으로 보이며, 북부여라고도 해.
고구려와 백제가 나에게서 비롯되었어.
부여
백제
고구려

부여는 대평원 지대에 자리 잡고 있어 외적의 침략을 방어하는 데 취약했지.
쟨 허점이 너무 많아.

특히 3세기 종반 이후 중국의 통일 세력이 무너지고 유목민 세력이 일어나면서
에잇, 내 바람 맛 좀 봐라!
동아시아가 격동의 소용돌이에 빠졌지.

부여는 남쪽의 고구려와 서쪽의 선비족에게서 여러 차례 공격받았어.
치사하게 둘이 덤비니?
아얏!

그중에서도 346년 선비족 모용씨가 세운 전연의 공격을 받아 큰 피해를 입었지.
이때 왕과 5만여 명이 포로로 잡혀갔어.

쇠약해진 부여는 고구려에 복속되었고, 고구려는 군대를 주둔시켜 부여를 다스렸어.
A급 보디가드예요.
창피하니까 멀찌감치 떨어져서 오게.

한편 북옥저에 정착했던 부여인이 점차 자립했는데 이를 동부여라고 부르지.
우린 자유인이다!
하지만 410년 광개토왕에게 병합되었어.

북부여는 457년 북위에 조공을 하면서 한 차례 국제 무대에 얼굴을 내밀었어.
국제 무대
북부여족, 얼른 내려와!

5세기 말 동만주 삼림 지대에 살던 물길(말갈)이 쑹화 강을 거슬러 세력을 뻗쳐 나갔지.

이에 부여는 침략당하고, 부여 왕실은 안전한 고구려 땅으로 옮겨졌어.
여긴 안전하니 얌전히 계세요.

마침내 부여 왕실의 명맥은 끊어지고, 부여는 494년 소멸되었지.
대가 끊어졌어요.
너무 슬퍼 마시오.
흑흑

'힌두'란 인더스 강의 산스크리트어인 신두의 페르시아 발음으로,
힌두라고 써 있네.
아니야, 신두가 맞아.
Sindhu: 큰 강

인디아나 힌두스탄과 같이 인도를 가리키는 말이야.
힌두교는 '인도의 종교'란 뜻이지.
인도의 종교가 한두 개가 아닐 텐데.

인도의 모든 종교를 포함하지만 일반적으로는 불교와 자이나교를 배제하고 있어.
힌두교 경전 베다를 인정하지 않는 것들은 버려.
불교
자이나교

힌두교는 기독교와 이슬람교 다음가는 세계의 큰 종교 중 하나야.
비록 3등이지만 신자 수가 9억 명이 넘어.
이슬람교인
기독교인
힌두교인

고대 인도의 종교 사상을 담고 있는 《베다》는 기원전 1500년경 산스크리트어로 쓰였지.

* 네팔의 힌두교 사원

베다는 힌두교의 경전을 일컫는데 고대 인도의 종교, 신화 및 철학의 주춧돌이야.
글로 쓴 문학 작품 중 가장 오래됐어.
종교
신화
철학
베 다

힌두교는 처음에 네팔과 인도네시아로 퍼졌으며, 오늘날은 세계 각지로 퍼졌지.
힌두교는 어쩌고저쩌고, 이렇고 저렇고.
냠~

힌두교의 많은 신과 주요 사상은 불교에 큰 영향을 주었어.
덕분에 사교육비도 안 들이고 많이 배웠습니다.

인도는 종교의 자유를 인정하나 국민의 80퍼센트 이상이 힌두교를 믿고 있지.
어디 가?
힌두교 사원에.

힌두교의 신은 브라흐마, 비슈누, 시바와 여러 남신과 여신으로 이루어져 있어.
참 신도 많네.
교주도 없어.
브라흐마
비슈누
남신
시바
여신

힌두교를 믿는 사람은 소를 신성하게 여겨서 소고기를 먹지 않아.
토실토실한 게 근수 좀 나가겠어.
시바 신이 타고 다니는 자가용을….

신이 타고 다니는 신성한 가축을 사람이 먹을 수 없다 해서 그런 교리가 생겨났지.
사람은 우릴 가질 수 없어.
우리만 부려먹어. 성차별이야.

한국사

우산국은 지금의 울릉도에 있었던 고대의 작은 나라였어.
애야, 울릉도가 옛날엔 나라였단다.

우산국은 삼국 시대에 울릉도와 그에 딸린 섬을 다스렸지.

* 울릉도 위성 사진

그 무렵 우산국은 지형이 험했고, 사람들은 위세가 사나웠어.
신라 땅으로 만들어 멋진 별장을 짓고 싶어.
재들은 쉽게 항복하지 않아요.

신라에 이사부란 사람이 있었는데, 그는 장군이자 정치가였지.
내물왕의 4대손이야.
〈독도는 우리 땅〉 노래에도 나오잖아.

김유신과 함께 신라의 가장 유명한 장군 중 하나야.
자네 할아버지도 내 부하였네.
저도 신라에서 알아주는 장군이거든요.

이사부는 지증왕 6년에 지금의 삼척인 실직주의 군주가 되었어.
군주님, 최고!
날로 치솟는 이 인기.
에헴!

어느 날 지증왕은 지금의 강릉인 하슬라주의 군주인 이사부를 불렀지.
장군, 우산국을 토벌하시오.
폐하, 분부 받들겠사옵니다.

이사부는 사람들에게 나무로 사자상을 만들게 했어.
장군님, 이걸 뭐에 쓰시려고요?
우산국 사람들이 사납기는 하지만 이리석기든.

이사부는 사자상을 배에다 싣고 가서 우산국 사람을 위협했지.
사자를 풀어 모두 죽이기 전에 항복하라!
무조건 항복!

이사부는 진흥왕 6년 왕에게 건의해 거칠부가 《국사》를 편찬하도록 했어.
폐하, 모든 건 기록이 중요합니다.

550년 백제가 고구려의 도살성을 함락하고 고구려는 백제의 금현성을 함락했지.
속닥 속닥
두 나라 군사가 지쳐 있으니 좋은 기회야. 어서 공격하게.

이사부는 두 성을 공격해 점령한 뒤 군사를 주둔시켜 지키게 했어.
또 한강 상류 지방을 공격해 영토를 크게 넓혔지.
〈한국을 빛낸 100명의 위인들〉 노래에 나올 만하네.

유스티니아누스 1세는 527년부터 565년까지 동로마 제국의 황제였어.
조카, 잘 부탁해.
삼촌이 최고예요.

동로마 제국의 영토를 넓히고 여러 가지 제도를 개혁하는 등 많은 업적을 쌓았지.
고생이 많군!

그는 동로마 제국의 가장 위대한 황제 중 한 사람으로 대제의 칭호를 받았어.

* 유스티니아누스 대제

유스티니아누스는 482년경 다르다니아 타우레시움(오늘날 세르비아)에서 태어났지.
까꿍!
황실 경비 대장인 오빠만 믿을게요.

삼촌인 유스티누스는 콘스탄티노플로 그를 데려와 자신을 돕게 했고 양자로 삼았어.
아들, 부르는 대로 잘 받아서.
일류 보좌관이니까 걱정 마세요.

518년 아나스타시우스 1세가 죽자 유스티누스는 다음 황제로 지명되었지.
우리 아들의 힘이 컸어.

삼촌이 황제가 된 후에도 삼촌을 도와 유스티니아누스가 일을 도맡아 처리했어.
어디로 가야 돼?
저만 따라오세요.
황제가 가는 길

527년 4월 유스티누스는 조카 유스티니아누스를 공동 황제로 임명했지.
우리 둘이 힘을 합치면 무서울 게 없어.

한 달 후 유스티누스가 죽자 황제가 된 유스티니아누스는 참신한 인물을 등용했어.
썩은 귀족들을 잘라내게.
귀족 명부

군사적으로도 우수한 장군을 등용해 옛 로마 제국의 영토를 많이 되찾았지.
장군, 부디 내 영토를 찾아주시오.

그리스도교인 황제로 그는 옛 로마 제국의 영토를 회복하는 데 큰 사명감을 가졌어.
해가 떠도 로마, 달이 떠도 로마, 로마가 최고야!
ZZZ

마침내 유스티니아누스는 자신의 시대에 동로마 제국의 번영을 이뤘지.
동로마 제국 만세!
유스티니아누스 최고!

불교가 신라에 들어온 것은 5세기 초 눌지왕 때야. 혹은 더 빠를 수도 있어.
그거 먹을 거요?
책이에요.
신라 국경

초기 전도자, 즉 신라 불교 개척자는 고구려에서 온 인도의 승려 아도였지.
개척의 길은 멀고도 험해.
불교 황무지 신라

그는 일선군(오늘날 구미시) 모례의 집에 숨어서 불교를 민간에 전파하는 데 힘썼어.
안에 불교 계세요?
찬바람 들어오니 빨리 문 닫으시오.

신라 귀족은 불교를 사교라고 비난했으나, 신라 왕실에까지 알려졌지.
이거 읽고 나서 독후감 내세요.
불경

법흥왕은 불교를 크게 일으키려 했지만 귀족의 반대로 고민하고 있었어.
우리 불교 만나러 갈래?
그딴 걸 왜 만나요?

그 무렵 신라의 하급 관리 이차돈은 일찍부터 불교를 신봉했지.
아, 왜 국법으로 불교를 믿게 하지 않을까?

법흥왕도 불교를 백성에게 알리고 불교의 힘으로 국운의 번영을 꾀하려고 했지만 신하들이 말을 듣지 않았어.
왕이 사교를 믿고 있어.
목숨 걸고 막아야 돼.

이차돈은 법흥왕에게 자신을 죽여 사람들이 불교를 믿게 해달라고 했지.
이 몸이 죽어 불교가 행해진다면 여한이 없사옵니다.
절대 안 될 말이오.

마침내 천경림에 절을 짓기 시작하자 흥분한 신하들이 왕에게 몰려왔어.
절을 지으라는 어명을 거두십시오!
어서 거두십시오!
NO　NO　NO

법흥왕은 자신이 명령을 내린 것이 아니라 말하고, 이차돈을 불렀지.
부처님의 뜻에 따라 내가 한 일이오.

신하들의 반대가 거세지자 왕은 이차돈과 약속한 대로 이차돈의 목을 벴어.
부처님이 신령하다면 내가 죽은 뒤 기적이 일어날 게요.

목을 베자 베인 자리에서 흰 젖이 솟아오르고, 하늘이 캄캄해졌어.

유스티니아누스는 로마의 영광을 회복하고 기독교적 세계 제국을 구축하기 위해
내 평생의 꿈이야.
기독교적 세계 제국
로마의 영광

정복 전쟁을 수행하는 한편, 로마 문화의 부활을 꾀했어.
로마법을 다시 살려야 돼.

로마의 법률은 너무나 다양하게 변했고, 새로운 법률도 생겨났지.
이걸 다 모으면 바로 《유스티니아누스 법전》이야.
로마법 1
로마법 2
로마법 3

로마법의 집대성은 한 세기 전 테오도시우스 2세가 시도한 적이 있었어.
《테오도시우스 법전》이겠네?
유스티니아누스는 완전히 새로운 법전을 만들고 체계화하기로 했지.

당시 그는 역대 황제들이 공포한 모든 율령, 즉 '칙법'을 샅샅이 조사했지.
모순덩어리에다 시대에 뒤처졌어.

529년 트리보니아누스를 법무관으로 임명하고 10인의 특별위원회를 만들었어.
제대로 된 《유스티니아누스 법전》을 편찬해야 돼.
로마 1
로마법료마법 2
로마법 3

《유스티니아누스 법전》은 세 가지로 구성되었는데 각각 편찬 순서에 따라 나누어져.
〈칙법휘찬〉이 어쩌고저쩌고….
〈칙법휘찬〉
〈학설휘찬〉
〈법학제요〉

〈칙법휘찬〉은 제국의 모든 로마법에 최고 권위를 가지는 법이고,
에헴, 내 권위가 최고야.
자네가 아니고 책이지.
칙법휘찬

〈학설휘찬〉은 고대 로마의 모든 법률가의 주요 저작과 학설을 정리했지.
〈학설휘찬〉은 법률가들의 책과 학설을 섞어서 만들었대.
학설휘찬

〈법학제요〉는 두 법전에서 주요 내용을 발췌해 제국 내 법 학교에서 쓸 교과서야.
모든 법 학교는 이걸 교과서로 쓰세요.
법학제요

《유스티니아누스 법전》의 주요 내용을 몇 가지만 살펴보자.
바다와 바닷가는 나의 제국 모든 사람의 소유이므로 누구나 바닷가에 나갈 수 있다.

파도에 실려 온 보석이나 값진 재물은 발견한 사람이 가져도 된다.
쳇, 그 정도는 나도 쓰겠다.

* 금관가야의 토기

532년 금관가야의 구형왕이 왕비와 세 아들을 데리고 신라에 항복했지.

구형왕의 아들 무력은 백제와의 싸움에서 큰 공을 세워 벼슬이 각간까지 올랐어.

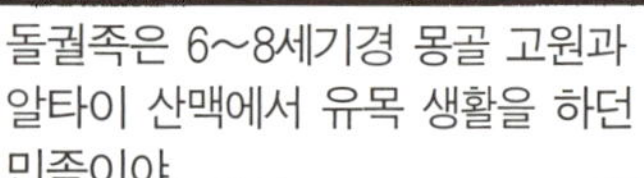

* 돌궐의 최대 영역(빨간색 부분)

552년 백제 성왕은 승려 노리사치계를 일본 긴메이 천황에게 보냈어.
빠뜨리지 말고 잘 전해주게.

노리사치계가 일본에 불상과 경전을 전하면서 불교가 전파되었지.
이걸 믿으면 만사가 OK란 말이지.

하지만 그 불상과 경전은 일본의 정치 상황과 맞물려 적지 않은 파장을 불러왔어.
백제에서 불교란 게 왔대. 보러 가세.
난 관심 없네.

한반도에서 일본으로 건너가 정착한 백제계 호족 소가는 불교를 받아들이자고 적극적으로 주장했지.
서쪽의 모든 나라가 불교를 신봉하고 있으니 마땅히 일본도 신봉해야 하오.
옳소!
옳소!
짝 짝짝

하지만 일본 토착 세력의 모노노베 오코시는 대대로 제를 올리고 있는 국신을 내세우며 반대했어.
외국의 신을 숭배한다면 국신이 무서운 재앙을 내릴 것이오.
원조를 괄시하지 마라!
딸랑 딸랑

결국 싸움이 일어났고 소가 쪽이 이겨 실권을 장악하면서 불교를 받아들였지.
엄마, 나 불교 먹었어!
K.O...

한편 백제는 554년 승려 아홉 명을 일본에 먼저 가 있던 일곱 명이 승려와 교대시켰어.

일본이 백제 불교를 받아들이는 데는 쇼토쿠 태자의 역할이 컸지.
둘이 덤비면 반직이야!
백제 불교
쇼토쿠파

태자는 불교를 적극 받아들이는 한편 자신도 불교 공부에 심취했어.
나라를 다스리는 데는 불교가 제일이야!

불교에 대한 애정이 남달랐던 태자는 훗날 일본에서 석가모니의 화신으로 불렸지.
열심히 배워요.
불교 학습지

태자는 일본 최초의 사찰인 아스카 사를 비롯해 41개의 사찰을 세웠어.

* 아스카 사

* 유복자: 태어나기 전에 아버지를 여읜 자식

고구려로부터 한강 유역을 탈환한 것은 나제 동맹군의 최후 최대의 승리였다고 할 수 있어.

하지만 신라가 553년 군사를 돌이켜 백제의 수복지인 한강 하류 지역을 점령함으로써 나제 동맹은 깨져버렸지.

진흥왕은 그곳에 신주를 설치하고 김무력을 군주로 파견해서 지키게 했어.

백제 성왕은 비전파 귀족의 반대에도 불구하고 554년 신라 정벌군을 일으켰지.

백제군은 처음에는 우세했으나 관산성 싸움에서 김무력에게 크게 패했어.

* 대마: 바둑에서 많은 점으로 넓게 자리 잡은 말

이 싸움에서 백제는 성왕과 네 명의 좌평, 약 3만 명의 군사가 전사했지.

그 뒤 백제와 신라는 백제가 멸망하기 전까지 철천지원수가 되어버렸어.

신라는 이 싸움의 승리로 한강 하류 지역의 지배권을 확고히 했지.

또 중국과의 직접 교통로를 확보함으로써 교역에서 유리한 위치를 차지했어.

결과적으로는 훗날 신라가 삼국을 통일하는 데 결정적인 역할을 했지.

하지만 그로 인해 삼국은 100년 이상 격렬한 전쟁의 소용돌이에 휘말렸어.

수나라의 초대 황제인 문제 양견은 541년 서위에서 태어났어.
응애~ 응애
허허, 고놈 울음소리 참 우렁차네.

그의 아버지 양충은 한족으로, 선비족의 장군인 독고신의 부하였지.
감히 나를 앞지르다니….
아, 죄송!
난 중국 정통의 한족인데.

양견이 16세가 되던 557년, 독고신과 양충은 우문각을 도와 북주를 세우게 했어.
장군, 제 공을 잊지 마세요.
북주

그 공로로 양충은 수국공에 봉해졌고, 북주의 최고 실권자 중 하나로 떠올랐지.
에헴
비켜라! 수국공 지나간다!
아들 양견도 아버지 덕분에 표기장군이 됐대.

그리고 양견은 독고신의 딸과 결혼해 선비족과 한족 모두에서 든든한 지지 기반을 얻었지.
우리가 걸은 부조금이야. 잘 살아.
이건 우리가 걸은 것. 모자라면 얘기해.
한족
선비족

그 후 양견의 딸이 북주 황실에 시집가고, 그 남편이 황제인 선제로 즉위했어.
기분이 복권 당첨 저리 가라네.
황궁

577년에는 화북 지방을 반분하고 있던 북제를 멸망시켜 명성을 날리기도 했지.
폐하, 선물이옵니다.
장인어른 최고!
북제

양견의 지위와 명망이 날로 높아지자 자연히 경계도 받았지만 잘 넘겼어.
지위
명망
끌어내려!
손이 닿질 않아.

그러다 선제가 겨우 일곱 살인 아들 우문천에게 제위를 물려주는 상황이 되었지.
그 후 선제는 1년 만에 병사했어.
온통 양견 세상이었겠네.

양견은 선제의 유언을 위조해서 섭정을 맡았다가 581년에 수 왕조를 세웠어.
무거우니 외할아버지가 대신 쓸게요.
꼭 돌려줘요.

황제가 된 양견은 589년 진을 멸망시키고 약 300년 만에 중국을 재통일했지.
만세! 다 붙였다!
중국

대가야는 경상북도 고령 지역에 있던 6가야 중 하나야.
선수 입장!
6가야 체육대회
금관가야
성산가야
아라가야
고령가야
대가야
소가야

이진아시왕이 42년에 금관가야의 시조 수로왕과 함께 하늘에서 내려와 대가야를 세웠어.
나도 대가야에서는 인기 좋다고.
김수로!
김수로!

400년에 금관가야가 고구려와 신라 연합군에게 공격을 받은 후 힘이 약해졌지.
가야 연맹 해체!
전기 가야 연맹

그 후 대가야를 중심으로 정치 세력을 형성했는데 흔히 후기 가야 연맹이라고 불러.
대가야
힘 약한 사람 여기 붙어라!

481년에는 나제 연합군과 함께 고구려를 침략하는 등 최전성기를 맞았지.
나 힘센 것 봤지?
흥, 아직 멀었어.

554년 백제와 함께 신라를 침입했는데 오히려 562년 쳐들어온 신라에게 망했어.
아, 한 방에 무너지다니!
신라
대가야

가실왕 때 가야금을 제작하는 등 문화 수준도 높았어. 우륵도 가야 유민이야.
우리가 만든 철기도 알아줘.

《삼국사기》에는 562년 신라의 대가야 병합 이후 가야국에 관한 기록이 전혀 없지.
아, 가야가 들어살 문이 없어.
삼국사기

이는 532년 금관가야가 신라에 항복한 이후 562년 대가야가 멸망할 때까지 가야 여러 나라가 신라와 백제의 회유와 침략에 무너졌기 때문인 것으로 보여.
더 이상 못 가, 기권!
나도 기권!
아, 이제 우린 다 망했어!
532년
대가야
562년

결국 대가야가 멸망한 562년이 가야사 연표의 마지막일 수밖에 없어.
562년이라…. 더 이상 가야가 안 보여.
그때가 가야사의 종말이야.

동남아시아에 오늘날의 조상이 나타난
것은 기원전 2500년 무렵부터였어.
동남아시아
역사도 깊네요?
사람은 더
오래전부터 살았어.

한 무리는 내륙의 메콩 강 유역을 따라
발달한 기름진 땅에 뿌리를 내렸지.
농사 잘 지어 수출 많이
하자고.

다른 한 무리는 바다 근처 해안
지역과 많은 섬에 삶의 터전을
마련했어.
골라!
골라!
인도와 중국에서 온
물건이에요.

이처럼 동남아시아는 농경 문화와
해상 문화가 함께 어우러지며 발전했지.
고기를 잡으러
바다로 갈까요
농사를 지으러
논으로 갈까요

동남아시아를 이끌었던 사람들은
왕국을 세우고 문화를 발전시켰어.
크메르
아유타야
대월
동남
아시아

동남아시아 바다의 많은 섬에서도
소왕국이 일어나고 망하길 거듭했지.
나도 왕!
이야
망했어

지금의 수마트라 팔렘방에서 인도네시아
스리비자야 왕국이 등장했고,
작은 나라들이 하나로
통일되었지.
스리비자야

뒤를 이어 마자파힛 왕국, 말레이시아의
말라카 왕국이 번영을 누렸어.
바다가 최고야!
해상 무역 중심지

해상 왕국들은 해안 지역을 중심으로
해상 도시 국가로 발전했지.
사방이 바다라서 땅을 넓힐
수가 없어.

스리비자야 왕국은 말레이 반도 남부와 인도네시아의
수마트라, 자바 섬을 거점으로 발전한 고대 해상 왕국이었어.
동남아시아의
대표적인 해상 무역
국가였어.

현재 인도네시아의 팔렘방, 수마트라까지 영토를 넓혔고
수도는 현재의 팔렘방으로 삼았지.
난 뱃멀미가 심해서
팔렘방만 다스릴게.
다른 섬나라 왕은 제가
휘어잡을게요.

중국을 통일한 수나라는 597년 국력을 과시하고자
군사가 남아돌아. 음, 고구려나 혼내줄까?

고구려에게 신하의 예로써 대하라는 모욕적인 국서를 보내 고구려를 도발했어.
이것들을 그냥!
부들 부들

장군 강이식이 전쟁을 벌일 것을 주장해서 영양왕은 개전을 결심했지.
한 방에 보내시지요.
좋아, 너 대장 해!

598년 강이식이 정병 5만 명으로 임유관을 먼저 공격했고,
치사하게 준비도 안 됐는데….
먼저 공격하는 게 최고거든.

말갈 군사 1만 명으로 하여금 요서에 침입하게 해 수의 군사를 유인했어.
나랑 한판 뜰까?
잡히면 죽어!

이듬해 고구려는 요서에 침입해 접전을 벌이다가 패한 체하며 퇴각을 했지.
거기 서라!
미쳤니?
메롱

그러자 수 문제는 30만 대군으로 육지와 바다를 통해 고구려를 공격하게 했어.
가서 싹 쓸어버려!
아바마마, 쓰는 건 세 진공이옵니다.

수나라 수군은 평양으로 진격한다고 떠들어댔지만, 육군을 보급하는 게 목적이었지.
더 크게!
빨리 평양으로!

강이식이 이끄는 수군은 바다에서 수나라 함선을 격침했어
시끄러워서 혼났네!

결국 수나라는 보급 문제와 6월 장마철에 퍼진 질병으로 퇴각했지.
질병

그 후 수 문제는 고구려를 두려워해 다시는 군사를 일으킬 생각을 못 했으며,
뭐, 고구려! 어디 어디?
겁쟁이.

휴전 조약을 맺고 무역을 다시 시작했는데 10여 년 동안 아무 일이 없었어.
언제까지 들어야 돼?
왜, 팔 아프니?
휴전

쿠샨 왕조의 카니슈카 왕 이후, 북인도는 이민족의 침입으로 혼란에 빠졌어.
굽타 왕조를 믿고 따라와.
북인도

3대 찬드라굽타 2세 시대는 북인도 전역을 통일했으며,
이리로 가는 게 맞나요?
빨리 가기나 해.
통일 북인도

동서 무역으로 경제적인 번영을 누리는 전성기를 맞이했지.
제대로 찾아왔군.
호황

5세기 중엽 중앙아시아로부터 에프탈의 침입을 받아 다시 혼란에 빠졌지만,
아이고, 완전 흙탕물이야.
어디 가서 물을 받지?
북인도

7세기 초 바르다나 왕조의 하르샤바르다나 왕이 북인도를 재통일했고, 불교 및 학문과 예술을 보호했지.
마음에 드는 걸로 골라.
불교
학문
예술

그리고 당나라와 사산조 페르시아와도 사절을 교환했지.
현장 법사님, 어서 오세요.
천축을 방문하게 돼 영광이옵니다.

그러나 그가 죽은 뒤 왕국은 무너져 여러 왕조가 나타났다가 사라졌어.
이슬람 세력이 침입할 때까지 오랫동안 암흑시대였지.

하르샤바르다나를 중국 문헌에서는 한자로 번역해 계일왕이라고도 해.
하…르…샤… 어려워.
우리 식으로 계일왕이라고 불러.

606년 그는 어린 나이에 왕위에 올라 갠지스 강 유역의 영토를 확보했지.
바르다나의 젖줄이 될 거야.

이어 구자라트를 정복했으며, 북인도의 지배에 힘을 기울여 40년 동안 번영했어.
바르다나 왕조의 왕은 하르샤바르다나뿐이야.
40년 동안 독재를….

하르샤바르다나 왕은 문필에도 재능이 뛰어나 세 편의 희곡을 썼지.
정치하랴, 책 쓰랴, 바쁘다 바빠!

살수 대첩은 제2차 고구려-수 전쟁을 고구려의 승리로 이끈 살수에서의 전투야.
아, 아버님에 이어 또 지다니.
실력이 안 되잖아?
엉엉

이 전쟁은 고구려가 전략 요충지인 요서 지방을 선제공격하면서 시작되었어.
또 먼저 때렸어?

수나라 양제는 612년 1월 100만 명이 넘는 대군을 거느리고 고구려를 침공했지.
깃발값만 해도 엄청 들었어.
수

그해 4월 별동대는 양제의 지휘하에 고구려의 요동성을 포위 공격했어.
맞히면 용하지.
쌔엥~

수군은 별동대 30만 5,000명을 압록강에 집결시켜, 평양성을 공격하려 했지.
강가가 새카매!
쟤들 안 씻나 봐?

이때 고구려 장수 을지문덕은 거짓 항복해 적진에 들어가서 적의 허실을 보았어.
구멍이 많군.
뾰뜩!

우중문과 우문술이 쳐들어왔을 때, 을지문덕은 계속 지는 척했지.
상대도 안 되는 게 까불어?
어떻게 7전 7패니?

적장은 을지문덕의 유도 작전에 속아 평양성 북쪽 30어 리까지 밀고 왔어.
고지가 저기다!

을지문덕은 적장에게 희롱하는 시를 써서 보냈지.
아, 속았다. 후퇴하라!
여수장우중문

후퇴하는 수나라군이 살수에 다다랐을 때에는 강물이 얕았는데 을지문덕이 둑을 쌓아 물의 흐름을 막았기 때문이야.
이제 강만 건너면 된다!
조금만 기다려.

수나라군이 강을 반쯤 건넜을 때 고구려군은 둑을 무너뜨렸고, 수나라군은 순식간에 물살에 휩쓸렸어.
겨우 2,000명 정도 살아서 돌아갔대.
물이나 실컷 먹어라!
어푸 어푸!

양제는 아버지 문제와 달리 사치를 좋아해서 대규모 토목 공사를 벌여 수도 대흥성을 건설하고 대운하를 연장했어.

연개소문은 고구려 말의 정치인이자 군인으로 의지와 기개가 높았대.
내가 고구려의 등불이 되리라!
의지
기개

생김새도 뛰어나고 씩씩했으며 수염이 아름다웠어.
수염 보험이나 들까?

연개소문은 대대로였던 아버지가 죽자 그 자리에 오르려 했으나 반대가 심했어.
넌 품성이 좋지 않아서 안 돼.
반대

그러자 연개소문은 반대파에게 한 수 굽혀 대대로 자리에 간신히 올랐고,
출세만 한다면 허리 아픈 것쯤이야….
반대

취임하자마자 외교적으로 대당 강경책을 강력히 주장했지.
당나라를 얼씬도 못 하게 해야 합니다!

그러나 영류왕이 당나라에 대해 저자세 외교를 펼치자 크게 반발했어.
난 당나라와 친하고 싶어.
내 의견을 묵살했어.

한편 642년 영류왕과 대신들이 사전에 짜고 연개소문을 죽이려 했는데,
웅성웅성!
쉿, 목소리 낮춰!
쑥덕 쑥덕
비밀 모임

먼저 눈치를 챈 연개소문이 대신 100여 명을 자신이 통솔하는 군 사열식에 초대해 모두 살해했어.
비밀 안 지킨 게 니지?
사람 잡을 소리?
시끄러워서 잠을 못 자겠네.

그해에 연개소문은 보장왕을 옹립하고 대막리지가 되었지.
왜 나보다 높아?
왕
대막리지

연개소문은 자신의 친·인척을 모두 요직에 앉혀 독재 정권을 수립했어.
독재 정권

연개소문의 권위가 엄청나 말에 오르내릴 때는 귀족이나 무관을 엎드리게 했대.
다음엔 튼튼한 발판으로 바꿔.
아야!

* 라마단: 이슬람교에서 단식을 하고 몸과 마음을 깨끗이 하는 달

643년 당나라는 고구려와 백제를 정벌해달라는 신라의 요청에 고구려로 사신을 보냈어.
신라에 쳐들어가면 혼난다!

고구려가 따르지 않자 당 태종은 연개소문의 정변을 문책한다며 군사를 일으켰지.
연개소문만 혼낼 테니 문 열어!
쾅쾅

645년 3월 당 태종은 고구려의 개모성, 비사성, 요동성, 백암성을 점령했어.
비사성
개모성
요동성
백암성

6월에는 안시성으로 쳐들어갔는데 고구려가 15만 명의 군사를 안시성에 보내자,
고구려군

고구려의 많은 군사에 겁을 먹은 당 태종은 기만전술로 고구려군을 물리쳤지.
거짓말쟁이. 싸우러 온 게 아니라고?
믿은 우리가 바보야.
고연수 장군
고혜진 장군

이에 당 태종은 이적에게 안시성을 총공격하라고 명령했어.
장군, 안시성을 공략하시오!

당나라군은 안시성 남쪽에 흙산을 성 높이와 같게 쌓아 올린 뒤 성을 공격했지.

그런데 성보다 높이 쌓은 흙산이 갑자기 무너져서 고구려군에게 흙산을 빼앗겼어.
저런, 부실 공사야.
와르르~

당나라군이 안시성을 포위한 지 3개월이 지나도 안시성은 끄떡없있지.
펑펑!
안시성
펑!

9월이 되자 날씨는 추워지기 시작하고 양식도 떨어져 당 태종은 할 수 없이 철군하기로 결정했어.
그만 집에 갈까?
입이 얼어서 말도 안 나와요.
덜덜!
꿍꿍

안시성의 성주가 철군하는 당 태종에게 송별의 예를 보내자 당 태종은 비단 100필을 보내 그의 충성을 기렸지.
참으로 용맹스러운 장수였어!

《대당서역기》는 당나라 현장 스님이 서역과 인도 여러 나라를 여행한 순례기야.
스님이 죽은 후 646년에 완성되었지.

이 책에는 138개국에 이르는 나라가 나와.
138개국이나 쓰려니 보통 일이 아니군.

하지만 현장 스님이 직접 탐방했던 나라는 모두 110개국이야.
나머지는 다른 사람의 전언이나 다른 문헌들을 기록한 것이래.

책에는 각 나라의 불교 유적과 불교 신앙의 정세 및 풍속 등이 기록되어 있지.
한 권, 두 권, 세 권… 모두 열두 권이네.

제1권에는 중국을 떠나 인도로 들어가기 전까지 거쳤던 나라들을 기록하고 있어.
자그마치 34개국이래.

제2권에서 제4권 앞부분까지는 인도의 개관과 북인도의 15개국을 기록하고 있지.
마치 인도에 가 있는 것 같아.
대당서역기

제4권 뒷부분부터 제10권 앞부분까지는 중인도의 여러 나라를 기록했어.
여러분, 필기 잘하세요.
'중인도의 나라들'

제10권 뒷부분부터 제11권까지는 그 밖의 인도 지역을 기록했지.
인도 주변의 나라도 아셔야 합니다.

제12권에는 인도를 벗어나 중국으로 돌아올 때 지나온 22개국을 기록하고 있어.
이것으로 제 강의를 마치겠습니다.
짝짝짝!

여행을 마치고 돌아온 현장 스님은 수집해 온 수많은 경전을 번역하는 데 일생을 바쳤지.
여행을 갔다 와도 쉴 시간이 없네.
휴우
××경전
견장○○

《대당서역기》는 소설 《서유기》의 모태가 되었는데, 현장은 일반인에게 《서유기》에 나오는 삼장 법사로 더 알려져 있어.

천리 장성은 기존의 성곽을 연결시켜 쌓았는데, 핵심부는 요동성이야.

무함마드가 죽은 뒤 이슬람 세계는 무함마드를 계승한 칼리프가 통치했어.
장하다!

칼리프는 세속적인 권위는 물론 어느 정도 정신적인 권위도 지니고 있었지.
줄 서서 잘 따라와.
코란

그러나 칼리프조는 이슬람 신앙의 동요와 잇단 음모로 혼란이 거듭됐어.
우왕
알라신의 가호가 있기를!
좌왕

제3대 칼리프 오스만이 새벽 기도 중 암살당했고,
악!

그 배후가 밝혀지기 전에 무함마드의 사위 알리가 제4대 칼리프로 선출됐지.
당신이야말로 정통 칼리프이십니다.

하지만 알리는 이슬람교를 바로 세우는 데 많은 어려움을 겪었어.
모든 이가 평등하다는 걸 알라신 앞에서 맹세하시오!

알리의 정책은 메카의 쿠라이시 귀족의 권익에 타격을 주었지.
하루빨리 알리를 몰아내야겠어.

당시 다마스쿠스 총독이던 오스만의 6촌 동생 무아위야가 군사를 일으켰어.
오스만 칼리프의 살인자를 찾아내 원수를 갚자!

하지만 열세였던 알리가 첫 전투에서 이겼고, 두 번째 전투에서도 유리했지.
뭔 힘이 이렇게 세?

불리해진 무아위야군은 진압되는 순간에 협상을 요구해 패배를 모면했어.
그만하고 협상하자.
그 속셈은 알지만 못 이기는 척 들어주마.

협상을 하던 중 661년, 이라크 지역으로 돌아간 알리가 반대파에 의해 암살당했지.
이틀 후 알리는 죽었고 쿠파 근처에 묻혔어.

그 틈에 무아위야는 이슬람 세계를 통합하고 칼리프에 올라 우마이야 왕조를 세웠어.
5대 칼리프 무아위야
만세!

한국사를 알면 세계사가 보인다
세계사 · 한국사 연표

상

세계사	연대	한국사
구석기 시대	기원전 250만 년	
	기원전 70만 년	구석기 시대
불의 발견	기원전 40만 년	
	기원전 6000년경	신석기 시대 시작
고대 문명의 시작	기원전 3000년경	
	기원전 2333년	단군왕검, 고조선 건국
	기원전 1000년경	청동기 문화 발달
그리스, 폴리스 형성	기원전 800년경	
알렉산드로스 대왕, 동방 원정	기원전 334년	
	기원전 300년경	철기 문화 보급
한니라 건국	기원전 202년	
	기원전 194년	위만, 고조선의 왕으로 등극
북방 게르만족, 이탈리아 침입	기원전 113년	
	기원전 108년	고조선 멸망, 한사군 설치
카이사르, 갈리아 정복	기원전 58년	
	기원전 57년	박혁거세, 신라 건국
암살당한 카이사르	기원전 44년	
	기원전 37년	주몽, 고구려 건국
악티움 해전	기원전 31년	
아우구스투스 즉위, 로마 제정의 시작	기원전 27년	
	기원전 18년	온조, 백제 건국
예수 그리스도의 탄생	기원전 4년	
	3년	고구려 유리왕, 국내성 천도
	42년	김수로, 금관가야 건국
인도, 쿠샨 왕조 성립	45년경	
로마, 그리스도교 공인	313년	고구려, 낙랑군 정벌
	372년	고구려, 불교 전래
게르만족의 대이동	375년	
	384년	백제, 불교 전래
	391년	고구려, 광개토왕 즉위
로마, 그리스도교를 국교로 승인	392년	
로마 제국, 동서로 분열	395년	
	400년	고구려 광개토왕, 신라에 군사 지원
	405년	백제, 한문을 일본에 전함

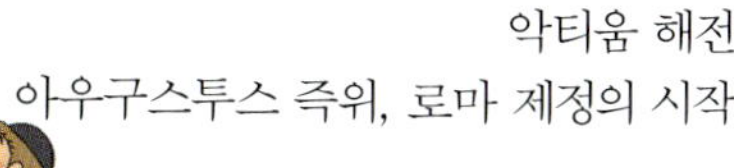
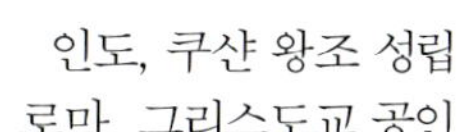

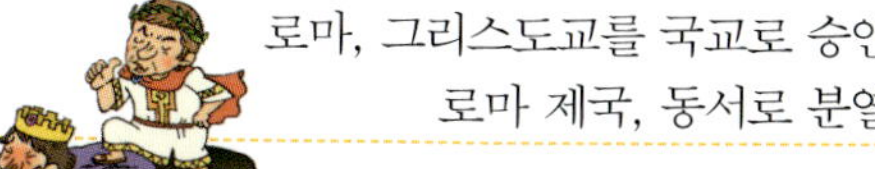

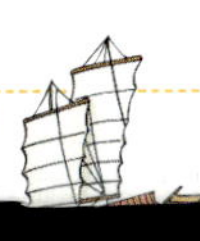

세계	연도	한국
티무르 왕조 성립		
르네상스 시작	1375년	
	1376년	최영, 왜구 토벌
	1377년	《직지심체요절》 인쇄
교회 대분열 시대(~1417)	1378년	
와트 타일러의 난	1381년	
	1388년	이성계, 위화도 회군
	1389년	박위, 쓰시마 섬 정벌
티무르, 콘스탄티노플 점령	1391년	
	1392년	고려 멸망, 조선 건국
	1394년	한양 천도
	1401년	신문고 설치
	1413년	호패법 실시
	1420년	집현전 설치
잔 다르크, 잉글랜드군 격파	1429년	정초, 《농사직설》 편찬
	1441년	측우기 발명
	1446년	훈민정음 반포
구텐베르크, 금속 활자 인쇄술 발명	1450년	
동로마 제국 멸망	1453년	계유정난 발생
장미 전쟁(~1485)	1455년	
	1460년	신숙주, 여진 정벌
	1476년	《경국대전》 완성
에스파냐 왕국 성립	1479년	
헨리 7세, 튜더 왕조 시작	1485년	
디아스, 희망봉 발견	1488년	
콜럼버스, 신대륙 발견	1492년	
	1493년	성현, 《악학궤범》 완성
바스쿠 다가마, 인도 항로 개척	1498년	무오사화 발생
	1504년	갑자사화 발생
	1506년	중종반정과 연산군 폐위
	1510년	삼포 왜란
에라스뮈스, 《우신예찬》 간행	1511년	
루터, 종교 개혁 시작	1517년	
마젤란 세계 일주 항해(~1522)	1519년	기묘사화 발생
무굴 제국 성립(~1858)	1526년	
칼뱅 종교 개혁	1536년	
코페르니쿠스, 지동설 주장	1543년	백운동 서원 건립
트리엔트 공의회(~1563)	1545년	을사사화 발생
엘리자베스 1세, 영국 교회 기초 확립	1559년	임꺽정의 난(~1562)
위그노 전쟁(~1598)	1562년	
그레고리력(현재의 태양력) 제정	1582년	
잉글랜드 해군, 에스파냐 무적함대 격파	1588년	
도요토미 히데요시, 일본 통일	1590년	
	1592년	임진왜란 | 한산도 대첩
	1593년	행주 대첩
	1597년	정유재란

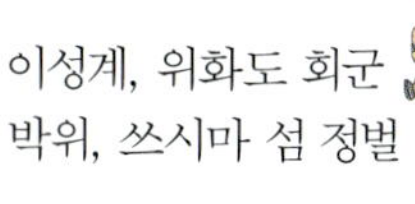

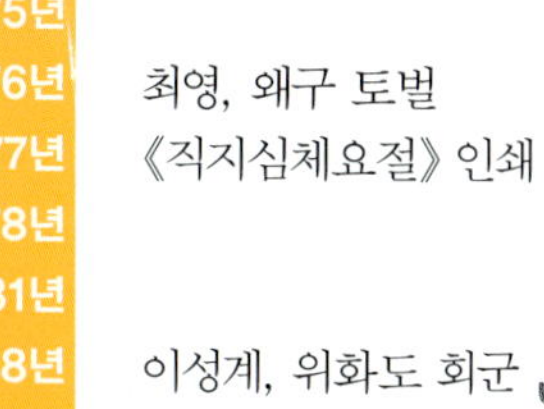

세계사	연도	한국사
	935년	신라 멸망
오토 대제 즉위	936년	고려, 후삼국 통일
	956년	노비안검법 실시
	958년	과거 제도 처음 시행
중국, 송의 건국	960년	
신성 로마 제국 성립	962년	
송 태종, 중국 통일	979년	
프랑스 위그 카페, 카페 왕조 시작	987년	
	992년	국자감 설치
	993년	거란의 제1차 침입
	996년	건원중보 주조
송, 나침반·화약 발명	1000년	
동남아시아, 대월 건국	1009년	
	1010년	거란의 제2차 침입
	1019년	강감찬의 귀주 대첩
	1033년	북쪽 국경에 천리 장성 쌓기 시작
이슬람, 셀주크 왕조 성립	1037년	
	1055년	최충의 사학
노르만족, 영국 정복	1066년	
카노사의 굴욕	1077년	
십자군 원정, 십자군과 이슬람의 격돌	1096년	의천, 속장경 완성
	1107년	윤관, 여진 정벌과 9성 축조
여진, 금나라 건국	1115년	
중국, 요나라 멸망	1125년	
	1126년	이사겸의 난
중국, 북송 멸망	1127년	
	1135년	묘청의 서경 천도 운동
	1145년	김부식, 《삼국사기》 편찬
프리드리히 1세, 신성 로마 제국 황제 즉위	1155년	
프랑스, 노트르담 대성당 건설 시작	1163년	
잉글랜드, 아일랜드 정복	1169년	
	1170년	정중부의 난
	1179년	경대승, 도방 정치
일본, 가마쿠라 막부 수립	1192년	
	1196년	최충헌 집권
	1198년	만적의 난
십자군의 콘스탄티노플 약탈	1204년	
몽골의 테무친, 칭기즈 칸이 됨	1206년	
영국, 마그나 카르타 제정	1215년	
이슬람, 나스르 왕조 성립	1231년	몽골의 1차 침입, 강화 천도
몽골, 송과 동맹해 금 정복	1234년	금속 활자 사용한 《고금상정예문》 간행
	1236년	강화에서 고려 대장경 판각 시작
	1270년	배중손, 삼별초를 이끌고 대몽 항쟁 시작
원의 성립	1271년	
	1285년경	일연, 《삼국유사》 편찬
교황의 아비뇽 유수	1309년	
백 년 전쟁 발발	1337년	
유럽에 페스트 대유행	1347년	
	1359년	홍건적의 고려 침략
	1363년	문익점, 원에서 목화씨를 가져옴
중국, 원 멸망과 명 건국	1368년	

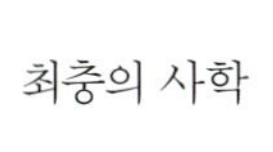

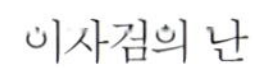
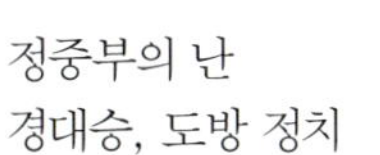
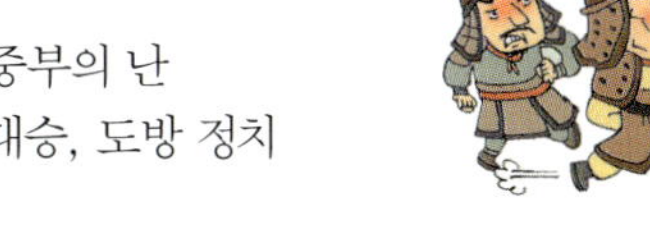
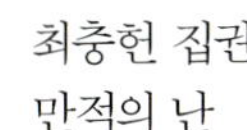

김영사

한국사를 알면
세계사가 보인다
상권·하권 특별부록

세계사	연도	한국사
게르만족, 서고트 왕국 건설	415년	
중국, 남북조 시대	420년	
아우구스티누스, 《신국론》 저술	427년	고구려 장수왕, 평양 천도
	433년	백제와 신라, 나제 동맹을 맺음
	475년	백제 문주왕, 웅진 천도
서로마 제국 멸망	476년	
게르만족, 동고트 왕국 건설	493년	
	494년	부여, 고구려에 의해 멸망
인도, 힌두교 창시	500년	
	512년	신라, 우산국 정벌
유스티니아누스 1세 즉위	527년	신라 법흥왕, 불교 공인
《유스티니아누스 법전(로마법 대전)》 편찬	529년	
	532년	금관가야, 신라에 멸망
돌궐 제국 성립	552년	백제, 일본에 불교 전파
	553년	신라, 한강 유역을 차지함
	562년	신라, 대가야 병합
이슬람교 창시자 무함마드 출생	570년	
수나라, 중국 통일	589년	
	598년	수 문제, 고구려 침공
스리비자야 왕국 성립	600년	
인도, 바르다나 왕조 성립	606년	
	612년	고구려 살수 대첩
수나라 멸망과 당나라 건국	618년	
이슬람 헤지라	622년	
	642년	고구려, 연개소문 정변의 발생
	645년	고구려, 안시성 싸움 승리
당의 현장, 《대당서역기》 저술	646년	고구려, 천리 장성 완성
	660년	백제 멸망
이슬람, 우마이야 왕조 성립	661년	
	668년	고구려 멸망
	676년	신라, 삼국 통일 완성
	682년	신라, 국학 설치
피핀, 프랑크 왕국의 정권 장악	687년	
중국, 측천무후 즉위	690년	
	698년	발해 건국
동서 교회의 분리	726년	
이슬람, 아바스 왕조 성립	750년	
카롤링거 왕조 성립	751년	김대성, 불국사와 석굴암 건조
카롤루스 대제, 프랑크 왕국 통일	771년	
	788년	신라 원성왕, 독서삼품과 설치
크메르 제국 건국	802년	
	828년	신라, 장보고의 요청으로 청해진 설치
베르됭 조약	843년	
러시아 건국	862년	
메르센 조약, 프랑크 왕국 분열	870년	
	892년	견훤, 후백제 건국
	901년	궁예, 후고구려 건국
중국, 당의 멸망, 5대 10국 시대	907년	
거란, 요의 건국	916년	
	918년	왕건, 고려 건국
	926년	발해, 거란에 의해 멸망

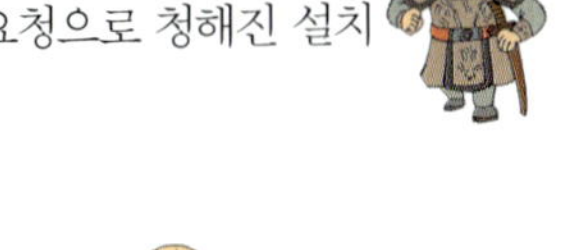
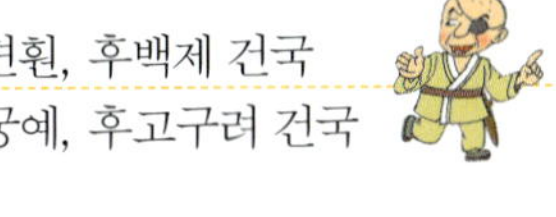
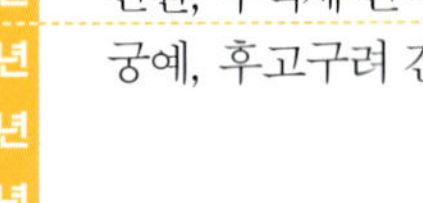

고구려가 수나라와 당나라의 침략을
막아내는 동안,
수나라
당나라

백제의 무왕과 의자왕은 신라를
적극적으로 공격했어.
신라만
상대하면
쉽지.
신라
백제

의자왕 2년에는 대야성을 비롯해 신라의
성 40여 개를 점령하기도 했지.
하나, 둘, 셋….
신라성
신라성
신라성

이에 신라는 고구려와의 연합을 꾀했으나
결렬되자 당나라와 군사 동맹을 맺었어.
영원한 동맹을 위해
파이팅!

한편 국력을 일으키는 데 힘썼던
의자왕은 점점 방탕해져 매일 주연을
열었지.
크~!
기분 좋다!

보다 못한 성충이 충언했지만, 의자왕은
이를 무시하고 성충을 옥에 가둬버렸어.
폐하, 이럴 때가
아니옵니다.
기분을 망친 성충을
옥에 가둬라!

성충은 옥에서 죽기 전 의자왕에게
글을 올려 유언을 남겼지.
탄현, 기벌포? 좋아하네.
계속 풍악을 울려라!
흑!

그사이 신라가 당나라와 연합하여
백제를 공격하자 왕과 대신들은
우왕좌왕했어.
기양 긴 흥수에게
의견을 물어라.
웅성웅성

결국 기벌포에서 당나라군의 상륙을
저지하려던 백제군은 대패하고 말았지.
어… 어서 계백
장군을 보내 적을
막으시오.
안절부절

계백은 5,000명의 결사대로 황산벌에서 신라군을 네 번이나
막았지만 결국 열 배나 많은 신라군에게 전멸당했어.
참으로 힘든
싸움이었노라.

마침내 660년 사비성이 함락되고 태자와 함께 웅진성으로
피신했던 의자왕이 항복했지.

프랑크 왕국은 5세기 말 게르만족의 한 부족인 프랑크족이 세운 왕국이야.
오늘날의 이들 지역에 세웠지.
독일
프랑스
이탈리아
481년 클로비스 1세가 프랑크 왕국의 첫 번째 왕조인 메로빙거 왕조를 세웠어.
쟤가 힘없는 이때가 왕국을 세울 좋은 기회야.
비닐 비실
훈족
그리고 클로비스 1세는 왕국 수립 후 갈리아를 침략했지.
또 뭘 약탈하려고….
비켜, 난 땅이 필요해.
국경선

수아송 전투에서 로마 제국의 남은 세력을 무찌르고 갈리아를 장악했어.
너희 말고 없지?

이후 라인 강 동쪽 지역을 침략하던 506년에 로마 가톨릭으로 개종하게 돼.
성부, 성자, 성신의 이름으로….

이로써 갈리아에서 손쉽게 협조를 얻을 수 있었지.
오, 주 예수를 믿는 형제시여!

클로비스는 기존의 로마 세력, 게르만계 왕국, 크고 작은 게르만 부족을 통합함으로써 갈리아의 패권을 장악했어.
갈리아
게르만족
게르만계 왕국
로마 세력

그러나 이후 메로빙거 왕조의 국왕들은 게르만족의 관습인 분할 상속이 원인이 되어 별 볼 일 없게 되었지.
이제 다 컸으니 재산을 똑같이 나눠주세요.
이걸 주고 나면 이빨 빠진 호랑이 신세인데.
재산 목록

문제는 하나의 왕국을 개인의 재산 내지는 사유물 정도로 생각하는 바람에
왕국도 셋으로 나눠주셔야지요.
왕국은 왕의 아들들과 그 아들들에 의해 계속 쪼개졌어.
국왕의 권력과 권위는 점점 떨어졌지.
기우뚱!

결국 국왕은 유명무실해지고 실질적인 결정권은 재상 격인 궁재에게 있었지.
마침내 687년 궁재 피핀이 정권을 잡아.
궁재의 나라가 된 거네.

당나라는 안시성 싸움에서 져 물러간 후에도 계속 고구려를 침략했어.
제발 그만 와라.
고구려

그때마다 연개소문이 막아냈지만 동맹국인 백제가 나당 연합군에게 망했지.
후유, 이제 고구려는 외톨이야.

백제가 멸망한 이듬해인 661년, 나당 연합군은 평양성을 공격했지만 실패했어.
만세! 만세!

그러나 그 후, 융성하는 당나라와 달리 고구려는 점점 쇠퇴해갔지.
쯧쯧!
당
려

수·당과의 오랜 전쟁으로 백성의 생활은 엉망이었고, 국가 재정은 바닥났어.
땡전 한 푼 없네.

게다가 독재를 하던 연개소문이 죽자 세 아들 사이에 내분이 일어났지.
이제 내가 막리지야.
뭐예요?
쳇, 난 아들 아닌가?

그 결과 맏아들 남생은 국내성으로 쫓겨난 뒤 당 고종에게 항복했으며,

연개소문의 아우 연정토는 12성을 가지고 신라에 투항했어.
잘 왔소!
흐흐, 성 열두 개가 굴러들었어.

이러한 기회를 이용해 나당 연합군은 668년 평양성을 공격해 함락했지.
와아!
와아

이때 당나라는 평양에 안동 도호부를 두고 설인귀로 하여금 통치하게 했고,
에헴!
오늘부터 내가 평양의 주인이다.

고구려를 9도독부 42주로 나누어 지배하는 한편, 백성을 당나라로 강제 이주시켰어.
당나라

이로써 북방을 호령하던 고구려는 668년 멸망하고 말았지.
700여 년의 고구려 왕조가 막을 내렸어.
고구려

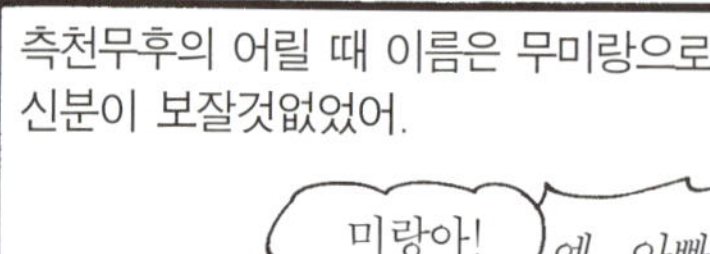

측천무후의 어릴 때 이름은 무미랑으로 신분이 보잘것없었어.
미랑아!
예, 아빠!
○○목재소

하지만 미랑은 자라면서 점점 예뻐져 그 소문이 궁중에까지 퍼지게 되었지.
목재소 딸이 그렇게 예쁘다며?
성질은 나쁘대.

소문을 들은 39세의 당 태종은 13세밖에 안 된 미랑을 불러들였어.
어서 그 빼어난 미녀를 데려와라!

그 후 태종의 총애를 받던 미랑은 태종이 죽자 머리를 깎고 중이 되었지.

태종에 이어 황제에 오른 고종은 황후 왕씨 외에 소 씨를 사랑하여 숙비로 삼았어.
미랑을 불러들여 폐하의 마음을 돌려놓자.
소 숙비

왕 황후는 절에 있는 미랑을 불러들여 고종의 사랑을 받게 만들었지.
재미있게 놀다 와.
고종

그 뒤 소의가 된 미랑은 황후와 함께 소 숙비를 모함하여 궁중에서 쫓아냈어.
이제 황후만 쫓아내면 돼.

마침내 미랑은 제가 낳은 공주를 죽여 그 죄를 황후에게 뒤집어씌웠지.
폐하, 황후마마를 벌주소서!
흑흑!

이후 미랑의 황후 책봉 문제가 논의 되자 대신들은 적극 반대했어.
선왕의 시녀를 황후로 세울 수 없사옵니다!
반대

미랑은 반대한 신하들을 모함하여 조정에서 내쫓거나 죽여 없앴지.
무 소의를 황후로 세우자!
찬성

마침내 655년 황후가 된 미랑은 측천무후로 불리며 권력을 손에 쥐었어.
심심해. 나랑 놀자!
난 바쁘니 혼자 놀아요.

고종이 죽은 뒤 690년, 66세의 측천무후는 황제의 자리에 앉았지.
나라 이름을 '주'라 하노라!

* 사비성으로 불렸던 부소산성의 정문

기독교회는 오랫동안 가톨릭교회로 통일되어 있었으나 중세에 동서의 두 교회로 분열하여 다시 합해지지 않았어.
앞으로 우리를 로마 가톨릭교회라고 불러.
그래? 우린 그리스 정교회야.

분열된 주원인은 성상 숭배 때문이었는데, 7세기 전까지만 하더라도 동·서방 교회 모두 성상을 교회당에 걸어뒀지.
주 예수를 믿는 자만이 안식을 얻을 수 있노라.

그러나 차츰 이 성상이 원래의 목적과 달리 숭배의 대상이 되었어.
주여, 천국의 길로 인도하소서!

그래서 726년, 동방의 레오 황제는 교회의 성상을 모두 철거하라고 명령했지.
황제 폐하의 명령이다! 성상을 없애라!

그 당시 동방 교회는 성상 숭배를 반대했고 서방 교회는 찬성했어.
찬성이오!
반대!
찬성
반대

이전까지 로마 교황이 동방 황제의 충성스러운 신하를 자처했는데,
황제 폐하 납시오!
오, 존경하는 폐하시여!
꾸벅!

교황 그레고리우스 2세는 성상 철거 명령을 거부하고 황제에게 도전하기도 했지.
흥, 철거 좋아하네. 어디 마음대로 해봐!

몹시 화가 난 레오는 라벤나 총독에게 교황을 체포하라는 명령을 내렸어.
감히 나한테… 교황을 붙잡아 와라!

라벤나 총독은 교황을 체포하기 위해 군대를 이끌고 출동했지.
교황을 잡으러 교회로 갈까요?

그러나 그 군대는 랑고바르드군에 의해 격퇴되고 말았어.
뭐, 누굴 잡아?

분격한 레오는 교황의 모든 권리를 빼앗아 콘스탄티노플 총대주교에게 넘겨주었지.
바들 바들!

국학은 682년 신문왕 때 세워진 통일 신라 시대의 교육 기관이야.
잘돼야 할 텐데….
國學

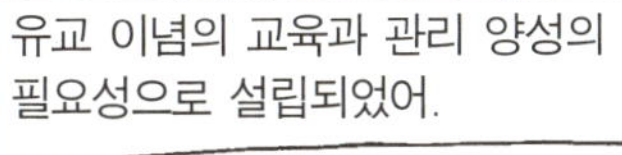

유교 이념의 교육과 관리 양성의 필요성으로 설립되었어.
전하, 국학에서 기른 인재야말로 나라의 보배가 될 것이옵니다.
國學

주로 《주역》, 《상서》, 《모시》, 《예기》, 《춘추좌씨전》, 《문선》을 나누어 공부하게 했지.
국학

학생들은 글을 읽어 세 등급으로 벼슬을 얻었는데 이를 독서삼품과라고 했어.
열심히 해야 높은 벼슬을 얻지.
ㅋㅋㅋ!

《춘추좌씨전》이나 《예기》 또는 《문선》을 통달하고 《논어》·《효경》에 밝은 사람을 상,
예기
논어
효경
上

〈곡례〉·〈논어〉·〈효경〉을 읽은 사람을 중, 〈곡례〉·〈효경〉을 읽은 사람을 하로 쳤지.
그나마 난 중간이네.
그럼, 난 꼴찌야?
中　下

오경, 삼사, 제자백가의 책들을 통달한 사람은 등급을 넘어 특별히 발탁했어.
실력에 따라 대우받는 세상이야.
훌쩍!
上　中　下

15세부터 30세까지 관등이 없는 사람부터 대사 이하까지 입학시켰지.
친구, 빨리 가자. 지각하겠어.

공부 기한은 9년이었고, 관등이 대나마·나마에 이른 뒤에 국학을 졸업했어.
아이고, 또 낙제야.
엉엉
난 퇴학인걸.

국학에 입학할 수 있는 신분에 대해서는 6두품이었다는 주장과
6두품이니까 합격!
꽝!

4두품까지도 가능했으나 신분에 따라 배우는 과목이 달랐다는 주장이 있지.
넌 다른 학교 다니니?
어허, 어디서 함부로 말을 붙여?

그리고 국학을 졸업해야 대나마의 관등에 오를 수 있었다는 주장도 있어.
미래의 대나마, 졸업 축하해!

이슬람의 첫 번째 왕조인 우마이야 왕조 말기에 통치 집단 내부의 분열이 일어났어.
흥!
잘났어!
그래서 1년 동안 칼리프가 네 번이나 바뀌는 등 혼란이 거듭되었고, 게다가 부족 간의 분쟁이 더욱 심해졌지.
1대 칼리프 ○○○
2대 칼리프 ○○○
3대 칼리프 △△△
4대 칼리프 △△△

한편 하시미야 당파는 무함마드의 가계에서 나온 칼리프가 정통이라고 주장했고,
무함마드의 핏줄만이 진정한 칼리프야.

마침내 747년 하시미야 당파인 아바스 가문 출신의 이브라힘이 반란을 일으켰어.
정통 칼리프 만세!

그들은 우마이야 왕조를 지지하던 부족을 제압하고 그 지역을 손아귀에 넣었지.
머리 더 숙여!

그 후 그들은 서쪽으로 진격을 시작해 우마이야 왕조의 마지막 저항을 물리친 뒤,
우마이야 왕조

750년 우마이야 왕조의 마지막 칼리프를 죽이고 정식으로 아바스 왕조를 세웠어.
아바스 왕조

이로써 아바스 왕조는 두 번째 이슬람 바그다드 칼리프 왕조가 된 거야.
아바스가 바로 내 이름이지.
무함마드의 숙부인 아불 아바스야.
어험!

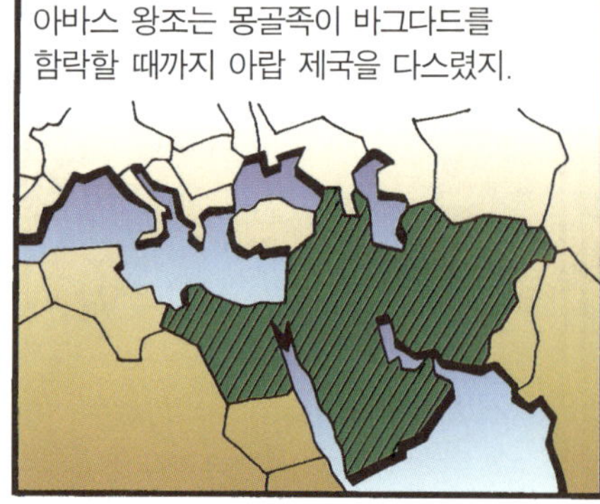
아바스 왕조는 몽골족이 바그다드를 함락할 때까지 아랍 제국을 다스렸지.

* 아바스 왕조 최대 영토

바그다드가 무너진 이후에는 이집트로 옮겨서 계속 왕조를 유지했어.
바그다드여, 안녕~!
이집트

아바스 왕조는 아랍어를 쓰고, 민족 차별을 폐지하여 이슬람법을 기초로 통치했지.
민족 위에 민족 없고, 민족 밑에 민족 없다!

668년 고구려가 망한 후, 유민은 신라와 당나라로 뿔뿔이 흩어졌어.
아, 나라가 망한 탓이야!
흑흑!
당나라
신라

이 무렵 대조영도 그의 아버지 대중상과 함께 요서 지방의 영주로 옮겼지.
조영아, 꼭 고향으로 돌아가자꾸나!

영주에는 고구려 유민을 비롯해 말갈인, 거란인 등 여러 민족이 모여 있었어.
우리 잘 지내봐요.
말갈
고구려
거란

어느 날 거란족 출신 이진충이 요서 지방에서 반란을 일으켰지.
뭐, 이진충이 반란을 일으켰어?

당나라는 1년여 만에 난을 진압하긴 했지만 상당한 어려움을 겪었어.
후유, 돌궐 덕분에 겨우 물리쳤어.

이때 대조영이 고구려 유민을 모아 말갈족과 손을 잡고 당에 반기를 들었지.
지금이 당나라를 무찌를 좋은 기회요!

대조영은 당나라군을 천문령에서 물리친 뒤 동모산에 자리 잡고 성을 쌓았어.
음, 저곳이 좋겠어.

그리고 새로운 나라를 세우고, 국호를 발해, 연호를 천통이라 했지.
고구려의 옛 영광을 위해 건배!

발해는 고구려 유민이 주로 상류 지배층, 말갈족이 하류층을 형성했어.
상류 계급
하류 계급

대조영은 성장한 거란과 돌궐족 덕분에 안전하게 나라를 발전시킬 수 있었고,
쟤들이 요서 지방을 막고 있으니 발해를 칠 수가 없네.
거란
돌궐

결국 당나라도 발해의 자립을 인정하고 외교의 대상으로 생각하게 되었어.
앞으로 이 길을 자주 애용하세요.
당나라

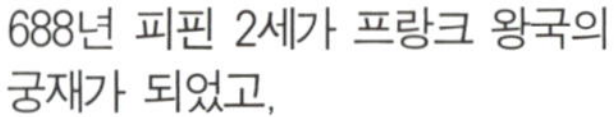

688년 피핀 2세가 프랑크 왕국의 궁재가 되었고,

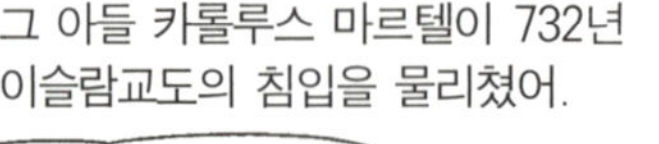

그 아들 카롤루스 마르텔이 732년 이슬람교도의 침입을 물리쳤어.

751년 카롤루스 마르텔의 아들 피핀 3세가 카롤링거 왕조를 세웠지.

왕권은 로마 교황 자카리아스에 의해 정통으로 승인되고,

피핀 3세도 이탈리아의 랑고바르드 왕국을 토벌하여 교회령으로 바쳤어.

그래서 프랑크 왕국과 로마 교회의 상호 의존은 한층 더 강화되었지.

프랑크 왕국은 피핀 3세의 아들 카롤루스 대제가 통치할 때 전성기를 맞이했어.

샤를마뉴로 잘 알려진 카롤루스 대제는 작센족을 평정하고, 이탈리아의 랑고바르드 왕국을 병합했으며,

이슬람교도를 격퇴해 피레네 산맥 서쪽으로 쫓아버렸지.

또 바이에른 부족공(部簇公) 타시로를 폐하여 그곳을 직접 지배했어.

그 결과 서유럽의 대부분을 통일했지.

그리하여 카롤루스 대제는 로마 교황으로부터 황제의 칭호를 받았어.

* 토함산 동쪽에 있는 석굴암

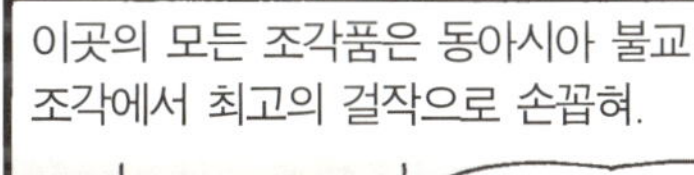

* 석굴암 입구

카롤루스 대제는 프랑크 왕국의 2대 국왕으로, 서부와 중부 유럽의 대부분을 차지해 프랑크 왕국을 강대하게 키웠어.
봉주르, 샤를마뉴!
구텐 모르겐, 카를 대제!
굿 모닝, 찰스 대제!

재임하는 동안 이탈리아를 정복해 교황 레오 3세에게 서로마 제국 황제 칭호를 받았지.
동로마 제국의 황제와 충분히 견줄 만합니다.

황제가 된 후 예술, 종교, 문화를 크게 발전시켜 카롤링거 르네상스를 일으켰어.
모든 게 주님의 은총이옵니다.

프랑스, 독일, 이탈리아에서는 샤를 1세, 찰스 1세로 알려져 있지.
어? 여기는 이름이 다르네.
재임 연표
찰스 1세

동생 카를로만과 왕국을 통치했으나 사이가 나빠져 전쟁을 할 뻔했어.
뭐, 동생이 죽었다고?
덕분에 전쟁의 위기를 넘겼습니다.

카롤루스 대제는 왕국을 위협하던 사라센과의 전쟁 중 크게 패하기도 했으나,

교황의 보호자가 된다는 아버지의 정책을 계속 시행해나갔지.
무슨 일이 있어도 보호해주겠소.

카롤루스 대제는 '유럽의 아버지'로도 불려.
왜?
카롤링거 르네상스가 오늘날의 유럽을 일으킨 발판이었거든.

카롤루스 대제는 할아버지 카롤루스 마르텔의 뒤를 잇는 칭호를 받았어.
저를 감히 할아버지와…

그가 전 유럽에 미친 영향력은 대단했지.
샤를마뉴, 카를 대제 등 다양한 호칭만 봐도 알 수 있어.
카롤루스 대제
샤를마뉴
카를 대제

민간 전설, 시에도 카롤루스가 나오며, 서유럽의 기반을 닦은 왕으로 묘사되기도 해.
〈롤랑의 노래〉를 읽으면 날 더 잘 알 수 있지.

독서삼품과는 독서출신과라고도 하며, 788년 국학에 설치했어.
유능한 유학자를 많이 키우시오!

학생을 독서 능력에 따라 상중하로 구분하고 이를 관리 임용에 참고했지.
흠, 이제 곧 벼슬하겠군.
좋겠어.
성적표
上

이는 곧 국학 출신자의 관직 진출을 제도적으로 보장하는 장치였어.
국학
출세

그러나 신라 말 진골 귀족이 늘어나고, 왕위 쟁탈과 세력 갈등이 심해지자
왜 날 무시해!
진골이라고 다 같니?

관리를 임용할 때도 학문적 능력보다는 출신 신분을 중시하는 경향이 강해졌지.
신분이 좋은 사람만 이리 나오시오!

또한 당나라 유학생 출신이 신라의 관리로 임용되는 경우도 잦았어.
난 당나라 유학생이오.

최치원도 당나라에서 과거에 급제하여 관리로 있다가 신라로 귀국하여 벼슬길에 올랐지.
나도 잘난 당나라나 갔다 올까?
흥, 국학 출신도 아닌 게 설쳐!

그에 따라 국학의 중요성은 점점 약해졌고 독서삼품과의 비중도 감소되었어.
책 좀 읽어라, 읽어.
그깟 써먹지도 못하는 학문은 갖다 버려!

그러나 독서삼품과의 시행은 관리 임용의 기준을 학문적 능력에 둠으로써
그래도 우리를 알아주는 건 이것뿐이야.

골품제라는 신분에 의존하던 기존의 관리 선발 방식을 지양하게 되었으며,
관리를 뽑는 데 너무 출신만 따지지 말게.

유학에 대한 이해를 높여 유능한 유학자를 많이 배출하는 데 크게 기여했지.
학문을 열심히 익히는 것만이 살길이야.

* 앙코르 와트 사원 내부

돈독한 힌두교 신자였던 자야바르만
2세는 수도 앙코르를 세우기
시작했는데,

권력과 부를 과시하고 죽은 후에 신과
합체한다는 신앙심으로 앙코르를
건설했지.

그들의 최초 종교는 힌두교였는데
점차 불교 신앙으로 자리를 잡아갔어.

그런 이유로 앙코르에서는 힌두교
미술과 불교 미술을 모두 볼 수 있지.

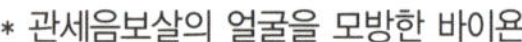

* 관세음보살의 얼굴을 모방한 바이온

어부의 아들로 태어난 장보고는 활을 잘 쏘고 무예에 뛰어났어.
난 장군이 될 테야.
어부의 아들인 게 아까워.

하지만 신라의 골품제 때문에 신분이 미천한 장보고는 장군이 될 수 없었지.
엉뚱한 생각 말고 분수껏 살아라.

그래서 장보고는 자신의 뜻을 펼치기 어려워 당나라 서주로 건너갔어.
당나라에 가서 반드시 출세할 거야!

장보고는 뛰어난 무술을 인정받아 무령군 소장이라는 높은 벼슬까지 하게 되었지.
길을 비켜라! 무령군 소장이시다.

그러던 어느 날, 장보고는 해적에게 잡혀 당나라에 끌려온 많은 신라인을 보고는 깜짝 놀랐어.
빨리 신라로 돌아가서 저들을 구해야 해.

장보고는 828년 흥덕왕을 만나 지금의 완도에 청해진을 설립할 것을 청했으며,
해적을 막아 우리 신라인을 보호하게 해주십시오.

김우징 등의 왕족이 이를 찬성해서 마침내 허용되었어.
전하, 당나라 해적을 없앨 좋은 기회입니다.

왕에게 병사 1만 명을 얻어 청해에 진을 설치한 장보고는 청해진 대사가 되었지.

그 뒤 신라 서·남해안에 나타나던 당나라의 해적과 일본 왜구를 모두 소탕했어.
장보고 배 보면 도망가 해.
알았스무니다.

장보고는 해상 무역을 통해 당나라, 일본, 남방, 아랍의 여러 나라와 무역했지.
청해진에서 온 견당매물사입니다.

그래서 많은 이익을 얻었으며, 해상 왕국이라고 불릴 정도로 큰 세력을 이루었어.
장보고는 해상왕이라는 이름을 떨쳤어.

이로 인해 카롤루스 대제가 키운 프랑크 왕국은 해체되기 시작했으며,

후백제는 892년에 견훤이
완산주(오늘날의 전주)를 도읍으로 삼아
세운 나라야.
짐이 백제를 다시
일으키겠노라!
견훤 만세!
견훤 만세!

공식적인 국호는 백제이며 후는 후대
사람이 붙인 것이지.
삼국 시대의 백제와
다르게 후백제라고
하자.

후고구려, 하대의 신라와 더불어
후삼국 중에 하나였어.
후고구려
후백제
신라

견훤은 원래 상주의 농민이었는데
신라군에 들어가 호족의 반란을
진압했지.
비장을 시켜줄 테니
부하들을 잘 이끌게.

이 무렵 신라는 진성 여왕 때로 정치와
사회가 극도로 문란해져 있었어.
휴, 나라가 썩을
대로 썩었어.

견훤은 군사를 일으켜 무진주(광주)와
완산주(전주)를 점령했지.
나와 함께 썩은
나라를 바로잡자!

견훤은 백성에게 백제 의자왕의 숙원을
풀어주며 백제를 계승하지고 했어.
여러분은 원래
백제의 백성이었소!

견훤은 나라를 세우면서 중국의 오월과
기끼이히고 영토를 넓히는 데 애썼지.
어디로 땅을
넓혀야 하나?

한편 918년 왕건이 고려를 건국하자,
한동안은 고려아 하친 관계를
유지했어.
친하게 지냅시다.

그러나 신라와 고려가 화친 관계를 맺자
고려와 적대 관계로 돌아섰지.
백제의 원수인 신라를
도와준 너도 원수다!

그 뒤 견훤은 고려를 적대시하며,
신라에 대한 공격을 강화했어.
아, 힘이 없는 게
한이로다.

한때 막강한 힘을 자랑했지만, 930년
고려군에게 패해 세력이 줄어들었지.
쳇, 나보다 나라를
늦게 세웠는데….

러시아는 세계에서 가장 영토가 넓은 공화국으로 아시아와 유럽에 걸쳐 있어.
와, 엄청 넓네!
하지만 사방이 트여 있어서 유목민들과 유럽의 여러 나라로부터 끊임없이 침략을 받았어.

러시아가 나라 이름으로 쓰이게 된 것은 불과 15세기 말부터였고, 루시 또는 루시의 땅이라 불렸지.
1113년경 내가 편찬한 이 역사책에 루시가 나와.
러시아라는 이름은 루시에서 비롯된 거야.
원초연대기

옛날 동슬라브의 여러 부족은 서로 다투느라 쉽게 정착하지 못했기 때문에,
우리가 통치할게.
흥, 누구 마음대로!

바다 건너 루시족을 향해 "우리의 땅에 와서 우리를 지배해달라"고 말했어.
공(公)이 되어 우리를 다스려주세요.

그래서 스칸디나비아 반도의 노르만인 세 형제가 바이킹족을 이끌고 건너왔지.

862년 세 형제 중 큰형 루리크는 노브고로드에 살 곳을 정했어.
여기에다 짐을 풀어라.

루리크가 죽은 후 아들 이고리가 아직 어려서 올레크가 정무를 처리했는데,
어른이 될 때까지 내가 돌봐줄게.

882년에는 이고리를 데리고 키예프로 옮겨 키예프 러시아의 기초를 세웠어.
튼튼하게 세우자.
키예프 러시아

그 후 350년 동안 키예프 러시아는 러시아를 지배하며 찬란한 문화를 꽃피웠지.
동로마 제국에서 가져온 그리스 정교회야. 열심히 믿어.

그러나 오늘날 러시아 학자들은 노르만인이 러시아에 나라를 세웠다는 설을 부정하고,
여러분, 노르만인은 침입자일 뿐이오!

훨씬 이전에 동슬라브의 여러 부족이 나라를 세웠다고 주장하고 있어.
옳소! 조상은 이미 오래전에 여러 공국을 세웠소.

궁예는 신라 말의 혼란기에 북원의 반란군 두목 양길의 부하가 되었어.
신라 왕족인 궁예가 내 부하라니 웬 횡재야.

양길의 신임을 얻은 궁예는 기반을 닦아 898년에는 송악군(개성)에 자리 잡았지.
흠흠!!
이제 겨우 왕족의 체면이 서는군.

이 무렵 궁예는 자신의 휘하로 들어온 왕건에게 철원 태수의 벼슬을 주었어.
송악을 바치겠나이다.
그대에게 벼슬을 내리겠노라.
하하하

왕건이 양길과 싸워 이기자, 901년 궁예는 스스로 왕이라 칭하며 나라를 세웠지.
어헴!
잘 어울리네.

궁예는 신라에게 망한 고구려를 대신해 복수한다며 서북 지방의 인심을 모았어.
반드시 고구려의 원수를 갚아주겠소!

904년에는 국호를 마진이라 했으며 관제를 정하고 국가의 체제를 갖추었지.
음, 이제 틀이 잡혀가는군.

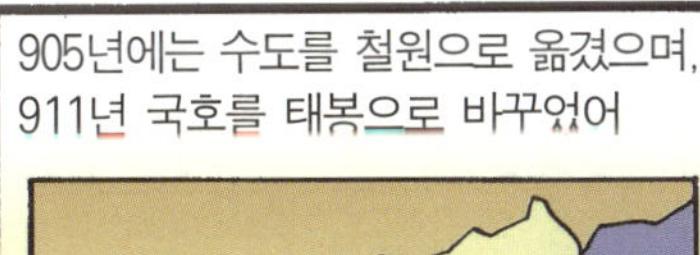
905년에는 수도를 철원으로 옮겼으며, 911년 국호를 태봉으로 바꾸었어

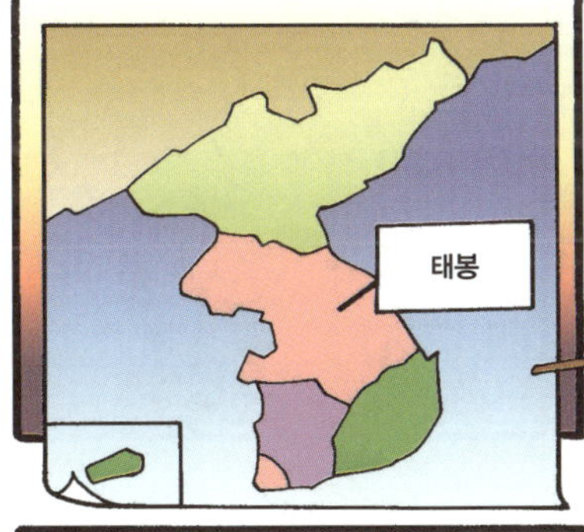
태봉

궁예는 철원을 중심으로 강원·경기·황해의 대부분과 평안·충청의 일부를 차지했지.
신라와 후백제보다 세력이 더 컸어.

국토가 넓어지자 궁예는 대규모의 궁궐을 세우고, 스스로를 미륵보살이라 칭했어.
살아 있는 부처인 나를 믿어라!

또한 궁예는 점차 전제적인 군주로 변해 호화로운 생활을 하면서 포악해졌지.
감히 나를 가르쳐?

시간이 흐를수록 백성의 민심이 떠나자 궁예의 측근들은 전전긍긍했어.
왕이 부인도 죽였대.
왕이 미쳤어!

마침내 부장들이 나서서 왕건을 새 왕으로 추대하고 궁예를 쫓아냈지.
어떻게든 살아야 해.

베르됭 조약으로 프랑크 왕국이 셋으로 나뉘면서 카롤링거 왕조의 권위는 약해졌어.

869년 중프랑크 국왕 로타르 2세가 죽자 마침내 카롤링거 왕통이 끊어졌지.

그 기회를 이용해 서프랑크 국왕 샤를 2세(대머리 왕)는 중프랑크를 병합했어.

그러자 동프랑크 국왕 독일인 루트비히 2세가 들고일어나 전쟁이 날 뻔했으나, 870년 메르센에서 타협이 이루어졌지.

모젤 강과 마스 강 하류의 선을 따라 중프랑크의 북쪽 영토를 분할하고 동쪽은 동프랑크, 서쪽은 서프랑크가 차지했어.

메르센 조약은 중세의 독일과 프랑스를 분리하는 출발점이 되었지.

그 후에도 양국 간에 분쟁이 계속되었는데,

880년 리베몽 조약으로 동프랑크 왕 루트비히 3세가 중프랑크의 서쪽 절반까지 차지했어.

서로마 제국 황제 칭호는 855년 로타리오 1세에게서 그의 아들 이탈리아의 왕 루도비코 2세에게,

875년에는 이탈리아의 루도비코 2세에게서 그의 숙부 샤를 2세에게,

881년에는 독일인 루트비히 2세의 막내아들인 카를 3세에게로 넘어갔지.

9세기 말 신라에서는 왕위 쟁탈전이 빈번히 발생하여 정치가 혼란했어.
저리 가. 내 자리야!

그리고 전국 각지에서는 조세 수령에 반발하여 농민 봉기가 일어났지.
세금 때문에 못살겠다!

이 틈에 지방 호족은 신라 조정으로부터 독립하여 각자 자신의 세력을 키웠어.
이제 별 볼 일 없어.
신라 조정

그중에서도 견훤과 궁예가 가장 강했는데, 주변 호족을 통합해 나라를 세웠지.
나한테 와.
날 믿어.

이로써 궁예가 세운 후고구려, 견훤이 세운 후백제, 신라 삼국이 대립하게 되었어.
후고구려
후백제
신라

* 후삼국 시대 지도

한편 궁예를 내쫓고 왕이 된 왕건은 국호를 고려로 바꾸고 수도를 송악으로 옮겼지.
송악

사실 고구려의 후계로 자처하는 데에는 왕건과 궁예가 다를 바 없었어.
너도 고구려의 후계자야.
난 달라!

그러나 왕건은 새로운 국가로서의 면목을 세우고자 수도를 자기의 본거지로 옮겼지.
새로운 국가

이렇게 함으로써 왕건은 정치적·군사적 기반을 확고히 했어
고향 사람들의 협조가 최고야.
군사 기반
정치 기반

또 왕건은 대외 정책에서도 궁예와는 달리 신라와 우호를 맺었지.
힘을 합해 견훤을 무찌릅시다.

이는 한편으로 신라의 전통과 권위의 계승자로서의 지위를 얻으려고 한 것이었어.
신라 전통
신라 권위

그러나 왕건은 군사적으로도 신라에 소홀히 하지는 않았지.
장군, 신라를 잘 감시하시오.

당나라 조정은 755~763년에 일어난 안사의 난으로 힘이 많이 약해졌어.
당나라 조정
휘 잉-

이를 틈타 절도사는 자신의 임지를 스스로 다스리기 시작했지.
백성을 다스리는 게 재미있네.
나라에 세금도 내지 마세.

황제들은 환관의 세력을 이용해 절도사를 억누르는 데 어느 정도 성공했어.
너희, 이리 와봐!

하지만 도리어 환관의 힘이 강해져 정치는 물론 황제의 폐위까지 결정했지.
환관에게 쫓겨나다니 창피해.

그 결과 절도사를 억누르던 힘이 사라져 다시 절도사가 고개를 들게 되었어.
황제 갔지?

이 무렵 황소의 난이 일어났고, 약해질 대로 약해진 정부군은 황소군에게 밀렸지.
못된 환관을 없애자!

마침내 황소군은 장안을 함락했고, 황제 희종은 촉으로 도망쳤는데 당나라 정부는 장안을 회복할 만한 능력이 없었어.
만세!
촉

다행히 돌궐 사타족 출신의 이극용과 황소군의 간부였다가 당나라에 투항한 주전충의 활약으로 장안이 회복되었지.
림

그 후 막강해진 주전충이 당나라 조정을 장악해 황제를 꼭두각시로 만들었어.
하루 종일 놀아도 지루하지가 않네.

마침내 907년 주전충이 황제를 협박해 왕위를 물려받아 후량을 건국했지.
고맙소. 여생을 편하게 보내시오.

이로써 당나라는 완전히 멸망하고 5대 10국 시대가 열렸어.
5대
후량 후당 후진 후한 후주
10국
오월 민 형남 초 오 남당 남한 북한 전촉 후촉

발해가 쇠퇴할 무렵인 916년 야율아보기는 거란족을 통일하고 요나라를 세웠어.

그는 중원으로 진출하려고 노력했는데, 그러려면 먼저 발해를 없애야 했지.

마침내 925년 12월에 야율아보기는 군대를 이끌고 발해의 부여성을 공격했어.

부여성은 3일 동안 요나라의 대군에 맞서 싸웠지만 끝내 버티지 못하고 성주와 모든 병사가 죽고 성은 함락되었어.

이후 요나라의 대군은 발해의 수도 상경 용천부까지 가는 데 아무런 저항도 받지 않았어.

마침내 요나라군은 상경 용천부 근처에서 발해군을 괴멸하고 수도를 포위했지.

3일 후 발해 왕 대인선은 신하 300여 명을 이끌고 성 밖으로 나와 항복했어.

야율아보기는 그들을 돌려보내고 7일 뒤 부하들을 보내 성안의 무기를 수색했지.

하지만 발해군은 그들을 죽이고, 발해 왕 대인선도 다시 싸우겠다고 포고했어.

그러자 요나라의 대군은 즉시 공격하여 다음 날 성을 함락했지.

결국 왕과 귀족은 요나라군에 투항했고, 발해는 멸망했어.

거란족은 당의 혼란을 틈타 힘을 길렀는데 야율아보기가 부족을 통합했어.
모두 내 밑으로 와!

야율아보기는 황제를 칭했으며 서쪽으로는 탕구트와 위구르 등을 제압했고,
황제 폐하, 방금 탕구트와 위구르를 지나쳤습니다.

동쪽으로는 발해를 멸망시켜 외몽골에서 만주에 이르는 땅을 차지했지.
거란

936년 태종은 후진의 건국을 도와준 대가로 연운 16주를 얻고 국호를 요라 했어.
앞으로 더 줄 수도 있어.

그리고 후진을 멸망시키고 대량으로 진출했는데, 통치하기 어려워 철수했지.
우리보다 문화 수준이 높아서 다스리기가 어려워.

이후 왕위 계승을 놓고 내분이 계속 일어나다가 성종 때 안정을 되찾았어.
내려와, 내 의자야!

거란족 지배자들은 중국인 고문을 두고 중국 행정 기술을 본받았지만 자신들의 주체성이 흐려질까 봐 두려워했어.
이건 이렇게, 저건 저렇게 하세요.
음

그래서 부족 고유의 전통을 유지하려고 노력했으며, 한자를 쓰지 않고 거란 문자를 고안해냈지.
백성이 우리 글을 쓰게 해야 돼.

거란족이 우리 민족과 관계를 가지기 시작한 것은 고구려 장수왕 때였어.
가까이 지내게 된 것은 고려 시대부터래.

야율아보기는 922년 고려 태조에게 낙타와 말 등을 보내 수교하자고 했지.
황제 폐하께서 친하게 지내고 싶어 하시옵니다.

하지만 926년 거란이 발해를 멸망시키자 고려 태조는 거란을 적으로 대했어.
절대 거란 옆에 가지 마라!

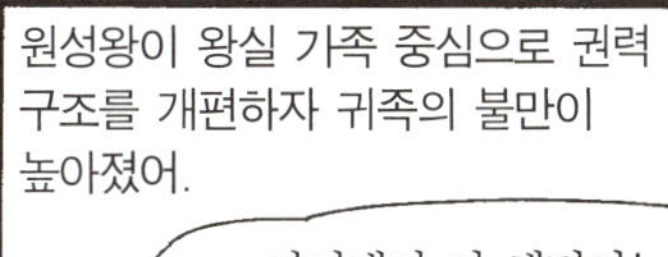

원성왕이 왕실 가족 중심으로 권력 구조를 개편하자 귀족의 불만이 높아졌어.
자기네가 다 해먹어!

특히 진골 귀족의 불만이 커져 김헌창이 웅천주에서 반란을 일으키기까지 했지.
왕의 피가 흐르는 나를 따르라!

반란은 곧 진압되었으나, 이로써 지방 호족의 세력이 매우 커졌지.
언제 큰 거야?

흥덕왕이 죽은 뒤에는 왕족 사이에 전쟁이 일어나 왕이 두 명이나 죽었어.
왕이란 게 싫어.
그냥 물려줄걸!

그사이 지방 호족 세력은 크게 성장해 왕실을 압도할 만한 힘을 지니게 되었지.
쯧쯧, 둘이 힘 빼고 있네.

그 뒤 왕들이 왕권 회복을 위해 노력했지만 소용없었고, 오랜 내란에 휩싸였어.
권위도 없는데 이걸 꼭 써야 해?

따라서 그 시대의 주역은 전국 각지에 자립하고 있던 군웅이었지.
비켜라!
난 내 길을 갈 뿐이야!

신라는 그들이 서로 세력을 다투는 동안 거우 명맥을 유지할 수 있었이.
이렇게 살아야 하나?
후유~

게다가 고려 태조 왕건이 신라와 친하게 지내려는 덕분에 나라의 운명을 조금 연장할 수 있었지.
내가 있지 않소?

고려 태조의 신라에 대한 우호 정책은 신라인을 회유하는 데 쓸모가 있었어.
난 고려 태조에게 한 표!
나도, 그럼 두 표네!

고려는 후백제가 신라를 공격하자 신라군을 도와줘 신라인의 신망을 얻었고,
역시 표를 잘 찍었어!

경순왕이 스스로 항복해 피 한 방울 흘리지 않고 신라를 정복할 수 있었지.
잘 부탁합니다.

오토 대제는 독일 및 이탈리아의 왕이었는데, 훗날 신성 로마 제국의 첫 황제로 인정받았어.
폐하야말로 진정 제국을 이끌어갈 분이십니다!

오토는 아버지 하인리히 1세가 죽기 한 달 전인 936년 공작에 의해 왕으로 선출됐고 대주교에 의해 왕관을 썼지.

오토는 아버지 하인리히 1세와 달리 공작에게 종주권을 확실하게 주장했어.
공작, 머리를 더 숙이시오!

그래서 프랑켄의 에버하르트와 바이에른의 에버하르트가 전쟁을 일으켰지.
우리도 왕이 되고 싶다!

게다가 오토의 이복형 탕크마르가 불만을 품은 작센의 귀족을 이끌고 합류했어.
함께 내 동생을 혼내러 갑시다!

오토는 그들을 물리쳤고, 전쟁에서 패배한 탕크마르는 살해당했지.
항복!
넌 추방이야!

그리고 939년 오토의 동생 하인리히가 반란을 일으켰지만 오토가 이겼어.
우리가 도와줘도 안 되네.

941년 하인리히는 다시 국왕을 살해하려는 음모에 가담했지.

이내 음모가 발각되고 다른 가담자들은 처벌받았지만 하인리히는 또 용서받았어.
이 엄마를 봐서라도 그만 싸워라.

그 후 그는 형에게 충성을 바쳤으며 947년 바이에른 공작 작위를 받았지.
공작의 품위를 지키며 살게.
오토는 이런 어려움이 있었지만 왕국의 변경을 강화하고 확대하는 데 힘을 쏟았어.
이런 때일수록 긴장을 늦추지 마라.

신라, 후백제, 고려의 후삼국 시대에는 후백제가 가장 강했어.
에헴-

그래서 고려는 견훤을 높여주고, 인질을 보내 평화 교섭을 하는 등 자세를 낮추었지.
이리로 가시지요.

하지만 이러한 관계는 926년 견훤이 고려를 침략하면서 깨졌어.
고려에 볼모로 있던 진호가 죽다니 어떻게 된 거요?

처음에는 공산 전투와 의성부 전투에서 승리한 후백제가 주도권을 잡았지만,
까불고 있어!

고창 전투를 계기로 고려가 주도권을 빼앗았지.
싸움은 끝까지 해봐야 알지요.

그 후 고려는 전선을 후퇴시킨 후백제를 정면에서 위협했어.
그만 항복하지?

한편 후백제에서는 견훤의 아들들이 왕위 계승 문제로 견훤을 금산사에 유폐하는 사건이 일어났지.
이곳에서 여생을 보내세요.

게다가 명목만 유지하던 신라의 경순왕은 935년 고려에 항복했어.
고려

마침내 힘을 얻은 고려 태조는 936년 견훤을 앞세워 후백제까지도 멸망시켰지.
신라와 견훤이 있으니 뭐가 두렵겠소?

고구려의 계승자라고 자처한 태조는 영토를 넓히고, 신라의 권위를 빌리려 했어.
장군, 꼭 고구려의 옛 땅을 찾으시오.

그래서 경순왕을 경주의 사심관에 임명하는 등 신라의 지배층을 회유했지.
신라와 고려는 한 몸이오.
하하하

또한 통일 후 태조는 호족과 결혼 관계를 맺음으로써 그들과 손을 잡았어.
장인어른, 잘 부탁합니다.

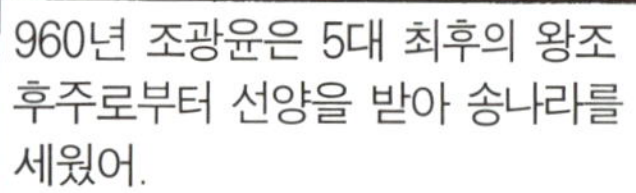

960년 조광윤은 5대 최후의 왕조 후주로부터 선양을 받아 송나라를 세웠어.
카이펑이 수도였고, 중국 역사상 문화가 가장 번성했대.

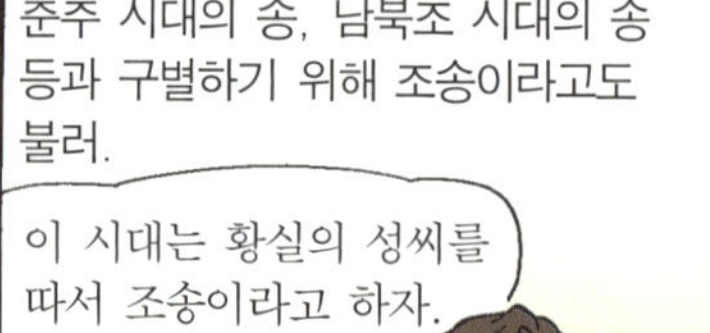
춘추 시대의 송, 남북조 시대의 송 등과 구별하기 위해 조송이라고도 불러.
이 시대는 황실의 성씨를 따서 조송이라고 하자.

세계 최초의 지폐인 교자를 발행했으며, 상비 해군을 갖춘 최초의 중국 왕조야.
이게 돈이야?
가져가면 돈으로 바꿔줘.

송나라는 북송과 남송으로 나뉘는데, 양쯔 강 남쪽으로 옮기기 전을 북송, 항저우에 도읍을 옮긴 때를 남송이라고 불러.
금나라만 아니면 잘 살고 있었을 텐데….

당나라 때부터 발전해온 농기구를 사용했고, 제철보다 일찍 여무는 벼를 들여와 쌀과 보리의 이모작을 널리 퍼뜨렸어.
빨리 베고 보리를 심자!
1년에 두 번 농사짓느라고 허리가 아파죽겠구먼.

농업이 발전한 덕분에 북송 시대의 인구는 약 1억 명에 달했을 것이라고 추정돼.
야, 밀지 마!
밀긴 누가 밀어?
바글
바글

더욱이 송나라는 예술, 사상, 각종 실용 기술이 발달해 문화적으로 풍요로웠지.
인형극이나 보러 갈까?
맛있는 것도 먹어요.

제지와 인쇄 기술이 향상돼 문학과 사상 등이 백성 사이에서도 활발히 퍼졌어.
공자 왈―
맹자 왈―
세상 좋아졌네.

또한 송나라는 멸망한 당나라를 교훈 삼아 과거를 본격적으로 운영했지.
꼭 과거에 합격해서 여길 들어갈 거야.
관청

덕분에 송나라는 어느 왕조보다도 유교를 공부한 지식인이 많은 시대였어.
전부 100점이니 누굴 쓰나?
100
100
100

그리고 도학이라는 새로운 학문이 일어났는데, 그게 바로 주자학이야.
내가 주자학을 집대성했지.
주희

고려는 알다시피 호족이 태조 왕건을 중심으로 연합하여 세운 나라잖아.
절 꼭 기억하세요.
고려

그래서 고려 초기의 왕권은 막강한 호족 세력 때문에 매우 불안정했지.
호족 세력

호족은 후삼국 시대 때 얻은 포로와 전쟁 이재민을 노비로 삼아 세력을 길렀어.
자넨 노비가 그렇게 많다며?
난 왕도 안 부럽네.

광종은 호족 세력을 약화시키고 왕권을 강화하고자 956년 노비안검법을 시행했지.
호족을 꺾으려면 노비를 줄여야 해!

본래 양민이었는데 노비가 된 자를 다시 양민으로 만들어주는 노비 해방법이야.
음, 넌 노비 그만해!

그 법으로 호족이 소유했던 많은 노비가 양민이 되었어.
힘세고 똑똑한 놈이었는데 아까워.

노비의 수가 줄어든 호족은 광종의 뜻대로 경제·군사적 기반이 약해졌지.
쌀가마니가 반으로 줄었어!
아이고~

사실 광종이 노비안검법을 단행할 수 있었던 것은 왕권이 거졌다는 사실을 뜻해.
왕권
노비안검법!

이후 광종은 독자적인 세력 기반을 쌓아 왕권을 확보하는 데 힘썼지.
맨주먹으로 어떻게 이겨?

그러나 호족 세력은 심하게 반발하며 노비안검법을 폐지하라고 꾸준히 요구했어.
노비를 돌려주시오!

게다가 해방된 노비가 옛 주인을 모락하는 등 신분 질서가 문란해졌지.
어디서 거짓말을….
쑥덕 쑥덕
이놈!

광종은 뜻을 굽히지 않았으나, 987년 성종이 노비환천법을 시행하게 되었어.
왜 이랬다저랬다 해!
노비문서

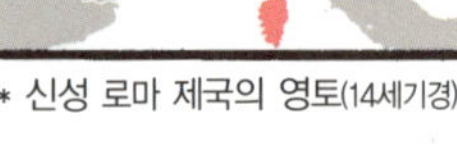
* 신성 로마 제국의 영토(14세기경)

고려는 958년 중국 후주의 귀화인 쌍기의 건의로 과거 제도를 처음 시행했어.
전하, 고려도 당나라의 과거 제도를 따르시지요.

쌍기는 후주의 사신으로 고려에 왔다가 병이 나 머물면서 귀화하게 되었지.
나라를 새롭게 하는 데 그대의 힘이 필요하오.

사실 광종은 귀족을 견제하기 위해 과거 제도를 도입했어.
제대로 된 관리를 뽑아야 해.

그러나 높은 귀족의 자식을 과거 없이 관리로 등용하는 음서를 병행하게 되었지.
자넨 언제 과거에 합격했나?
그딴 걸 뭐하러 봐?

과거는 고려 사회가 고대 사회보다는 능력을 중시하는 사회였음을 뜻해.
출신보다는 능력이 중요해.
휙

하지만 과거를 보지 않고 음서로 관리가 된 사람이 더 많았어.
누가 더 출세하나 두고 보세!
흥-

과거는 제술과, 명경과, 잡과로 나뉘었는데 제술과는 문학적 재능과 정책 등을, 명경과는 유교 경전에 대한 이해 능력을 시험해 문신을 뽑았어.

잡과는 법률, 회계, 지리 등 실용 기술학을 시험하여 기술관을 뽑았지.
아, 잡과밖에 볼 수 없는 우리 신세!
평생 기술이나 갈고닦아야지요.

양민 이상은 누구나 과거를 볼 수 있었고, 재능 있는 자를 선발하여 등용했어.
노비와 죄인은 과거를 볼 수 없었지.

하지만 엄격하게 신분을 제한해 일부 문벌 출신만이 합격해서 높은 관직에 올랐지.
합격이다!
우하하!
아버지 덕을 봤겠지?

과거 시험관을 지공거, 합격자를 문생이라고 했는데, 그 관계가 평생 이어졌어.
우리는 부자 관계나 마찬가지일세.
평생 스승님으로 받들겠습니다.

송 태종의 원래 이름은 광애로 태조 광윤의 바로 아래 동생이었어.
형님이 황제가 되셨으니 내 이름을 광의로 고쳐야겠어.

태조가 황제로 옹립되어 카이펑으로 돌아왔을 때 광의가 군사 지휘권을 받았지.
동생이 군사를 지휘하게.

광의는 군사에게 양민을 위협하거나 재물을 약탈하지 말라고 호령했어.
양민을 절대로 괴롭히지 마라!

태조의 어머니 두 태후는 죽기 전에 태조에게 유언을 했는데,

왕권을 외척에게 빼앗기지 않으려면 적당한 나이에 황제가 되어야 한다고 했지.
제가 대신 황제 해줄까요?

그리고 형제끼리 왕권을 잇고, 그 후에는 황제의 아들들이 왕권을 이으라고 했어.
제 유언을 꼭 지키세요.

태조는 어머니의 의견을 존중하여 광의를 황태제로 삼아 뒤를 잇게 했지.
전 폐하의 그림자만 밟겠습니다.

그래서 태조가 병으로 죽은 후 광의가 뒤를 이으니 이가 태종이야.
새 황제 폐하 납시오!

하지만 태종이 왕위를 잇자 태조가 암살되었다는 소문이 떠돌았어.
황제가 갑자기 죽다니 이상해?
황제를 죽였다는 소문이….
쉿!

후에 태종에게 꾸지람을 들은 태조의 큰아들이 자살하고, 둘째 아들도 병사하자,
나도 잘못되는 것 아니야?
동생, 어디 가?

태종은 동생이 아닌 자신의 아들에게 황위를 물려주었는데 그 때문에 말이 많았지.
이제 발 뻗고 살겠네.
아바마마, 편히 쉬세요.

그러나 태종은 태조의 업을 이어 979년 중국을 재통일하는 업적을 남겼어.
태조가 통일하지 못한 오나라, 월나라, 북한을 멸망시켰대.

국자감은 고려 시대 국립 교육 기관으로 나라의 인재를 양성하는 최고의 교육 기관이었어.
수도인 개경에 있었지.
언제 세웠어?

국자감을 언제 창설했는지는 분명하지 않지만, 992년 성종이 국자감 창건을 지시했다고 전해 내려오고 있지.
훌륭한 인재를 기를 학교를 만드시오.
예~이~

국자감은 신라로부터 이어온 국학을 정식 개편한 것으로 보는 견해가 있고,
당나라와 송나라 걸 보고 잘 만들자.
국학

성종이 태조 때 있던 경학을 국자감으로 개편했다는 견해도 있지.
이게 더 다듬기 쉬울걸.
경학

국자감은 1275년 국학으로 이름을 바꾸었다가 1298년 성균감으로 바꾸었어.
일자무식인 난 그게 그거 같은데.
국학
성균감

1308년에 충선왕이 다시 성균관으로 개칭했지.
오, 이건 쉽네.
성균감　관

그 후에도 몇 차례 이름이 바뀌었지만, 성균관이라는 이름은 조선으로 이어졌어.
그래도 이게 제일 좋은가 봐?
쾅쾅
성균관

고려의 왕들은 국자감 교육을 매우 중시했지.
전하, 국자감에서도 뛰어난 인재이옵니다.
그래? 빨리 중용하게.

국자감은 유학부와 잡학부로 이루어졌으며, 신분에 따라 입학 자격을 제한했어.
유학부는 국자학·태학·사문학, 잡학부는 율학·서학·산학이었대.

국자학은 3품, 태학은 5품, 사문학은 7품 이상의 자제만이 입학할 수 있었지.
이 책 처음 보지?
잘난 척은….

잡학부에는 8품 이하의 관리나 서민의 자제가 입학하도록 규정되어 있었어.
그게 뭔데?
잡학부는 몰라도 돼.

위그 카페가 세운 카페 왕조는
987~1328년에 프랑스를 통치했던
왕가였어.
아버님의 이름을
따서 카페 왕조라
하겠노라!

카페 왕조는 라인 강 근처의 마인츠
남쪽에서 유래한 가문이야.

* 오늘날의 마인츠

그들은 권력을 기르고 강화함으로써
프랑스 민족 국가의 기틀을 마련했지.
프랑스

9세기부터 노르만족이 쳐들어와 한때
파리가 위험한 지경에 빠지기도 했어.
무서워요.
빨리 이곳을
벗어납시다.
오들
오들

이 무렵 지방 호족의 봉건적
분권주의가 발달되어 카롤링거 왕조가
쇠퇴했으며,
카롤링거 왕조
우지직!

비만 왕 카를 3세가 폐위되고 외드가
왕으로 추대되어 로베르 왕조가
성립되었지.
외드! 외드!

카페 왕조 사람들은 모두 앙주 및
블루아의 백작인 로베르의 후손이야.
날 닮아서
하나같이
잘생겼네.
카페
왕조　ALBUM

그의 아들인 외드와 로베르 1세는 카페
왕조라기보다는 로베르 왕조 사람이었어.
형님,
잘 어울리십니다.
아우가 많이
도와주게.

이후 로베르 왕조와 카롤링거 왕조는
북프랑스의 지배권을 둘러싸고 계속
다투었지.
찌릿!
로베르
왕조
카롤링거
왕조

마침내 987년 로베르 1세의 손자 위그
카페가 왕조를 세우고 프랑스 왕이
되었어.
카페
왕조

그래서 서프랑크 왕국이 멸망하고
프랑스의 역사가 시작되었지.
이 무렵의 영토는 오늘날의
프랑스 영토와 비슷해.

그러나 카페 왕조 초기의 왕들이 실제로
지배한 곳은 파리 주변부뿐이었어.
폐하, 너무 멀리 가지
마세요.
파리

거란(요)을 적대시한 고려 태조는 북진 정책을 추진, 발해 유민을 포섭했어.
잘 왔소. 고려는 발해의 편이오.

또한 나라를 세운 송은 고려와 화친을 맺고 힘을 합해 거란을 공격하려 했지.
거란을 혼내줍시다.

게다가 압록강 유역의 정안국도 송과 화친하면서 거란을 협공할 움직임을 보였어.
이것들이 우릴 따돌려?

이에 거란은 986년 정안국을 멸망시킨 뒤 991년 고려로 쳐들어갈 준비를 했지.
고려야, 기다려라~ 우리가 간다~!

993년 거란의 소손녕이 쳐들어오자 고려는 화친을 청했지만 거란은 항복을 요구했어.
사이좋게 지냅시다.
항복하지 않으면 모두 죽이겠다!

이에 신하들은 항복하든지 땅을 떼어주자 했고, 서희는 싸우자고 주장했지.
병관어사 서희의 말을 따르시오!

마침 소손녕이 패하자 다시 화친으로 기울었고 서희가 소손녕을 만나기로 했어.
소손녕과 직접 담판을 내리라.

서희가 소손녕이 머무는 장막으로 가자, 거란군은 서희를 위협했어.
대국의 귀인에게 절을 올려라!

서희는 크게 화를 내고는 자리를 박차고 나가 숙소에 틀어박혔지.
대신에게 절을 하는 예는 없다!

소손녕이 내심 서희의 인품을 비범하게 여겨, 결국 뜰에서 마주 앉았어.
보통 인물이 아니야.

소손녕은 고려는 신라 땅에서 일어났고 고구려의 옛 땅은 거란 소유라고 했지.
아니오. 고려가 고구려를 계승했으니 고려의 터전이오.

결국 서희는 협상에 성공해 강동 6주의 땅을 얻었고, 소손녕은 돌아갔어.
요

방위를 알려주는 나침반은 탐험가나 항해하는 선원에게 소중한 존재였어.

* 오늘날의 나침반

이처럼 중요한 나침반은 서양이 아니라 중국에서 발명된 것이 분명해 보여.
맨 처음 누가 발명했는지 명확한 기록은 없대.

나침반은 종이, 화약과 함께 중국이 자랑하는 3대 발명품 중의 하나야.
화약은 불꽃놀이에 많이 쓰였어.

나침반은 4세기경 고대 중국에서 점을 치는 데 썼다는 오래된 기록이 있어.
옛날엔 이걸로 점을 쳤다니 신기해.

11세기 중국 송나라의 심괄은 《몽계필담》이라는 책에 나침반이라는 말을 썼지.
자침이 대략 남북을 가리키는 게 다르다고 나오네.

그 당시에는 자침에 나무를 붙여서 물에 띄워 집의 방향을 보았어.

그 밖에 기원전 4세기경 《귀곡자》에도 "정나라 사람은 길을 잃지 않도록 지남기를 가지고 간다"라는 글이 쓰여 있어.
이번엔 옥을 많이 캐 오면 좋겠네.
무사히 잘 갔다 와야 할 텐데….
지남기가 있으니 길 잃은 염려는 없지.
또한 중국 후한의 사상가 왕충이 쓴 《논형》에도 "국자를 물 위에 띄워놓으면 남쪽을 가리키면서 멈춰 선다"라는 기록이 있지.

나침반 말고도 중국에서 만들어진 방위를 알려주는 장치로 지남차가 있어.

수레 위 목제 인형이 톱니바퀴에 의해 늘 남쪽만 가리키는 것이지.
수레 위의 인형 손가락이 가리키는 방향이 남쪽이야.

지남차 속에 자석이나 나침반이 장치되어 있는 것은 아니래.
그럼 나침반이 아니네.
그렇지.

건원중보는 고려 때 만든 최초의 화폐로, 996년에 발행되었어.
앞으로는 이걸로 물건을 사고팔게.
?!

철로 만들어졌으며 둥근 모양에 가운데는 네모난 구멍이 나 있지.
이 쇳덩어리가 무슨 가치가 있나?

쇠로 만든 철전과 구리로 만든 동전이 있는데, 철전이 한국 최초의 화폐야.
그래도 이건 노란 게 괜찮아 보이는데.

본래 당나라의 숙종 때에 주조하여 발행된 화폐였는데,
어, 이건 당나라 돈이잖아?

고려는 이를 모방해서 화폐 이름을 앞면에 새겼지만
잘 살펴봐요.

뒷면에는 한국의 별호인 동국을 표기해 주체 의식을 나타냈지.
음, '동국'이라는 글씨가 있는 게 다르군.
東國

당시 고려는 금속 화폐나 지폐보다는 베 같은 현물 화폐가 널리 유통됐어.
난 베로 바꿀래.
옷감

따라서 금속 화폐가 크게 쓰이지는 않았으며, 1002년 유통을 중단했지.
내일부터는 건원중보를 쓰지 마라!

건원중보 철전은 건원중보 동전, 동국통보, 동국중보 등과 고려 고분에서 나왔어.
1910년대 초 개성 부근의 고려 고분에서 나왔대.

고려의 화폐에 대한 기록이 처음 나타나는 문헌은 《고려사》〈식화지〉야.
고려사

그에 따르면 996년에 철전을 주조했다 하나 널리 쓰인 것 같지는 않아.
역시 철전보다는 베가 좋아.

1101년에는 은화도 발행되었는데, 한반도를 본뜬 은병이며, 은 1근으로 만들었지.
위조품이 나돌아 고려 말에는 거의 쓰이지 않았어.

938년 중국에서 독립한 베트남은 다시 복속시키려는 중국과 계속 싸워왔어.
몽골
명

잘 막아냈지만 1407년 베트남은 결국 명나라 대군에게 정복당해 합병되었지.
해롱 해롱~
명

그러나 끈질긴 저항 끝에 1428년 명나라 군대를 몰아내고 독립을 되찾았어.
이제 우리끼리 재미있게 살자.

1009년 전 레 왕조의 장군 이공온은 레 왕조를 무너뜨리고 리 왕조를 세웠지.
북쪽만 가지고는 성에 차질 않아.
폐하, 경하드립니다.

리 왕조의 2대 황제인 성종은 1054년 국호를 대월이라고 했어.
대월은 베트남의 정식 국호로, 1804년까지 사용되었대.

당시 베트남은 왕을 북송에게 책봉받았는데, 리 왕조는 스스로 국왕을 결정했지.
애야, 이걸 명심해라.
자주성

그래서 북송과 리 왕조 사이에는 자주 외교적·군사적 문제가 일어났어.
허락도 안 받고 왕 노릇을 해?
송

북송은 신종이 즉위한 후, 왕안석이 주도하여 적극적으로 대월을 지배하려 했지.
대월을 갖고 싶지 않니?

그러자 리 왕조는 1075년 먼저 송으로 쳐들어가 흠주, 염주, 옹주 등을 공략했어.
송

송이 반격했지만, 성과를 얻지 못했고 대월은 유리하게 송과 화친했지.
여기 넘어오면 혼나!
대월
송

그 후 대월은 1174년 남송으로부터 '안남 국왕'에 책봉되어 독립성을 인정받아.
마음 놓고 쓰세요.
안남 국왕

그러나 고종의 실정으로 곳곳에서 농민 반란이 일어나 왕조는 급속히 쇠퇴했지.
리 왕조

고려에서는 외척 김치양이 천추 태후와 더불어 정권을 독차지하고,
우리 세상을 만들어요.

천추 태후와의 사이에서 낳은 아들을 목종의 후계자로 삼으려는 음모가 일어났어.
우리 아들을 보위에 올리시지요.

후사가 없던 목종은 채충순에게 김치양의 음모를 밝히고 나라를 지켜달라고 했지.
대량군 순을 세자로 삼을 테니 꼭 지켜주시오.

한편 서북면 도순검사인 강조에게는 개경의 궁궐을 수비하게 했어.
장군만 믿겠소.

이때 목종이 위독한 틈에 김치양 등이 나라를 빼앗으려 한다는 풍문이 돌았지.
쑥덕 쑥덕!

1009년 개경으로 달려간 강조는 목종을 퇴위시키고 순을 왕으로 세웠어.
전하, 그만 교대하시지요.

강조는 김치양 일파를 죽이고 태후와 그 무리를 귀양 보냈지.

거란의 성종은 이 사건을 트집 잡아서 1010년 직접 고려로 쳐들어왔어.
짐이 강조의 죄를 묻겠노라!
고려

사실 거란의 목적은 송과의 교류를 막고 강동 6주를 되찾으려는 데 있었지.
못 가! 우리 땅도 내놔!
송

거란은 통주로 진군하여 고려의 주력 부대를 지휘하던 강조를 죽였어.
강조가 죽었으니 그만 돌아가.
우리 땅 달라고 했지?

이어 곽산·안주 등의 성을 빼앗고 개경까지 함락시키자 현종은 나주로 피신했지.
폐하, 개경만 신경 쓰다가 병참선이 막혔습니다.
뭐라고!

마침 고려가 화친을 청하자 거란은 받아들였고, 돌아가는 길에 고려군의 공격을 받아 큰 피해를 입었어.

셀주크 제국은 중앙아시아와 중동 일대를 다스린 수니파 무슬림 왕조를 말해.
셀주크 왕조라고도 하는데 족장 셀주크의 이름에서 따왔어.

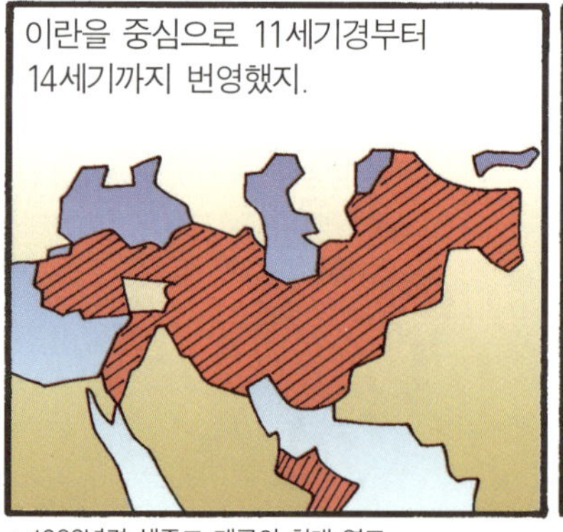
이란을 중심으로 11세기경부터 14세기까지 번영했지.
* 1092년경 셀주크 제국의 최대 영토

셀주크 왕조의 창시자 차그리 베그와 토그릴 베그는 족장 셀주크의 손자야.
아우야, 할아버지의 이름을 빛내자!

10세기경 족장 셀주크가 이끄는 유목민이 볼가 강을 건너 흑해 연안으로 왔어.
얼마나 멋진 초원인가?

그들은 곧 남쪽으로 내려가 이란 북부에서 이슬람 수니파로 개종했지.
수니파가 정통이래.
바꾸길 잘했군.

이후 페르시아의 문화를 받아들였으며 페르시아 왕조의 용병으로 있었어.
페르시아 왕조
잘 찾아왔나?

그들은 처음에 사만 왕조와 동맹을 맺고 카라한 왕조, 가즈나 왕조와 맞서 싸웠지.
우리가 도와주세.
사만 왕조

그러나 사만 왕조가 패하자 스스로 독립하기 위해 투쟁을 벌였어.
헛심 썼네.
이번 기회에 독립하자.
사만 왕조

결국 차그리 베그와 토그릴 베그는 1037년 가즈니를 공격하여 왕국을 세웠지.
셀주크 제국
모두 모여라!

1055년 토그릴 베그는 바그다드에서 시아파의 부와이 왕조 세력을 무찔렀어.
얍!
쩌억!
부와이 왕조

그래서 아바스 왕조의 보호자로서 '동방과 서방의 술탄'이라는 칭호를 얻었지.
고맙소, 그대는 진정한 동서의 왕이오.

1063년 토그릴 베그는 이란 서부와 메소포타미아를 통치하는 제국의 수장이 되었어.
형님이 살아 계셨으면 좋았을걸.

* 친조: 왕이 직접 조공하는 일

노르만족은 프랑스 북부(프랑크 왕국)에 자리 잡았던 바이킹족과 그들의 후예야.

그들은 노르망디 공국을 세우고 주변의 여러 나라를 정복해 식민지로 만들었지.

노르만족은 8세기경 약탈을 일삼은 스칸디나비아의 야만족을 부르는 말이었어.

그들은 9세기 후반 프랑스 북부 및 서부 해안을 점점 더 큰 규모로 자주 습격했지.

그리고 900년경 프랑크 왕국 북부 센 강 유역에 항구적인 거점을 마련했어.

911년 서프랑크 왕 샤를 3세는 노르만족의 지도자와 조약을 맺었지.

그 후 노르만족은 가톨릭으로 개종했고 프랑스어를 썼어.

그들은 자신만의 새로운 문화를 만들었으며 용맹하고 무자비함으로 악명 높았지.

적은 군사로도 많은 수의 적군과 싸워 이겼고 자주 배신을 일삼았어.

노르망디에서 노르만족은 프랑스 왕의 신하가 되었고 주로 용병이라 가난했지.

노르만족은 일찍부터 영국과 왕래했는데 11세기에 더욱 가까워졌어.

마침내 1066년 노르망디 공작 윌리엄은 영국을 침략해 영국의 왕이 되었지.

고려는 개국 초부터 장성을 쌓으려 했지만, 정작 1033년부터 쌓기 시작했어.
근 100년 만에 시작한 일이니 잘해.

이 무렵 고려는 거란의 세 차례 침입을 모두 막아낸 뒤 거란과 화친했지.
전하, 사이좋게 지내자는 선물이옵니다.

고려 조정은 거란의 재침과 여진족의 침략을 막을 목적으로 성을 쌓았어.
저놈들이 또 언제 쳐들어올지 알아?

덕종은 유소에게 성을 쌓으라고 명을 내렸지.
오랑캐가 못 쳐들어오게 성을 쌓으시오.

유소는 옛 석성을 고쳐 위원진, 정융진을 두어 국방을 튼튼히 한 적이 있었어.
전하, 경험 많은 신을 믿으세요.

유소는 흩어져 있던 성을 연결하거나 새로 쌓고 보강해 1044년에 완성했지.
장장 11년이나 걸렸어.

그 성이 바로 우리나라 역사상 가장 규모가 큰 천리 장성이야.
정말 수고했네.
뿌듯합니다.

성은 높이 7미터, 길이가 400킬로미디로 그 규모가 굉장했지.
길이가 천여 리나 된다면서요?
대단한 일이야.

그런데 아쉽게도 그 흔한 그림이나 사진 힌 징이 없어.
정말 안타깝네.
다행히 의주 등 여러 곳에 유적이 남아 있대.

유소는 성을 쌓고 북방을 튼튼히 한 공로로 추충척경공신이라는 호를 하사받았지.
성은이 망극하옵니다.

거란은 성을 쌓는다고 항의했으나, 고려는 나쁜 뜻은 없다고 했어.
전하, 왜 성을 쌓습니까?
별것 아니니 걱정 마시오.

그 뒤로도 천리 장성은 오랫동안 고려의 북쪽 방어선으로 이용되었지.
쯧쯧, 이 성 때문에 쳐들어가기 힘들겠어.

교황 그레고리우스 7세는 강력한
교회 개혁과 쇄신 운동을 펼쳤는데,
교회를 깨끗하게 만드세.

황제가 가지고 있던 성직자 임명권, 즉
서임권을 다시 교회로 가져오려고 했지.
성직자는 당연히 교회에서
임명해야 하네.

신성 로마 제국의 황제 하인리히
4세가 반발했고 교황은 그를 파문했어.
황제를 도와주는
귀족이나 사제도
파문할 것이오!

몇몇 귀족이 하인리히에게 등을
돌렸고 새로운 황제를 추대할
움직임이 있었지.
아무래도
교황과
화해해야겠어.

1076년 겨울, 교황은 하인리히가
이탈리아로 오고 있다는 소식을
들었어.
황제가 이리
오고 있답니다.

교황은 황제가 자신을 몰아내려고 오는
줄 알고 두려워했지.
제 성에 잠시
피해 계세요.
백작 부인이야말로
진정한 동맹자요.

사실 하인리히 4세는 교황을 만나기
위해 이탈리아로 떠난 것이었어.
반란을 막으려면
교황과 화해해야 돼.

황제는 쥐라 산맥을 넘자 자비를
구하는 고해자의 모습으로 카노사를
향해 갔지.

황제는 1077년 1월 25일 교황이 머물고
있는 카노사 성문 앞에 도착했어.
교황을 만나러 왔다.

교황은 황제를 못 들어오게 했고
황제는 성문 앞에서 허가를 기다렸지.
만나지
않으시겠답니다.
만나줄 때까지
여기 있겠소.

교황은 하인리히를 용서하기 싫었지만
결국 3일 후 성안으로 들어오게 했어.
그만 용서하세요.
좋소.

이 사건으로 카노사라는 이름은 황제가
교회에 굴복한 것을 뜻하게 되었지.

1053년 최충은 자기 집에 서당을 설치, 이웃 아동을 교육했어.
나라에서 가르치지 못하니 내가 해야겠어.

그 후 점차 학생 수가 많아지자 1055년 아홉 개의 학사를 세우고 구재라 했지.
구재학당

이 사학은 최충의 관명을 붙여서 최공도, 시중공도 또는 문헌공도라 불렀어.
문헌공도에 다닌대.

삼사, 오경 및 제술을 주로 가르쳤고 나아가 실천 윤리를 앞세웠지.
배우는 게 국자감과 똑같대.
시설은 더 좋다며?

그러자 과거를 보려는 많은 학생이 최충의 사학에 모여 성황을 이루었어.
문헌공도가 족집게 과외래.
빨리 가보자.

여름에는 승방을 빌려 교육했고, 교사는 관직에 취임하지 않은 학자를 뽑았지.
스님, 올여름에도 신세를 지겠습니다.

문헌공도의 학생은 예의범절이 바르고 장유유서가 있어서 주위로부터 칭송을 받았어
안녕하세요?
누구 집 자제인지 예의가 참 바르네.
문헌공도에 다니는 학생이야.
꾸벅

그 뒤 다른 학자도 사학을 설립해 열두 개의 문도가 생겼는데 이를 십이 공도라 했고, 고려 교육계에 커다란 공헌을 했어.
나한테 와서 배우게.
이왕이면 실력 좋은 선생한테 배워야지.

십이 공도의 교육 수준은 대체로 국자감과 비슷했으나, 그 비중은 더 컸지.
사학은 중요한 곳이니 잘 감독하시오.

십이 공도의 융성은 고려의 관학을 위축, 부진시켰지만 자극제가 되기도 했어.
꼭 국자감을 되살리고 말 테야.
국자감

한국의 교육을 진흥시킨 최충은 문장과 글씨에 뛰어나 해동공자라고 불렸지.
공자와 견줄 만한 분일세.

그 뒤 중동 지역에 예루살렘 왕국을 비롯한 몇 개의 십자군 국가가 세워졌지.

* 오늘날의 예루살렘

* 해인사에 보관 중인 팔만대장경

* 도다이지 대불전

여진족은 쑹화 강, 무단 강, 헤이룽 강 유역과 동만주 해안에 살던 유목 민족이야.
숙신, 읍루, 물길, 말갈 다 우리를 가리키는 말이지.

당나라 초에는 흑수, 속말 등 일곱 개 부족으로 나뉘어 고구려에 복속됐었지.
고구려가 망했으니 발해로 가겠네.
난 신라로 가야겠어.

10세기 초 발해가 거란에게 망하자 흑수말갈이 거란에 속하면서 여진이라 불렸어.
우리가 돌봐줄게.
거란

여진족은 크게 만주 지린 성 동북쪽의 생여진과 남서쪽의 숙여진으로 나뉘지.
살 만한가?
그저 그래.
생여진
숙여진

생여진은 대개 거란의 지배권 밖에서 모여 살았고, 숙여진은 거란에 속했어.
한참 찾았잖아? 빨리 따라와.
숙여진
거란

여진은 고려를 부모의 나라로 섬기며 문화적인 욕구를 채웠지.
이게 고려청자이옵니다.
역시 고려는 훌륭해.

여진은 말과 모피 등을 가져오고 그 대신 식량, 포목, 농기구, 무기 등을 가져갔어.
이 모피는 최상품이에요.

그들 중에는 고려에 귀화하는 자도 많았지.
고려 사람이 되고 싶어요.
땅과 집을 줄 테니 잘 살아봐.

그러나 북만주 완안부의 추장 우야소가 여진족을 통일하면서 정세는 변했어.
모두 내 밑으로 모여라!
추장

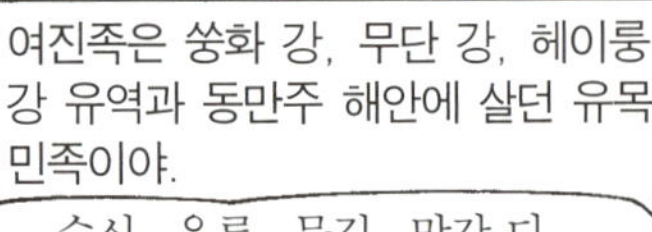
이후 우야소의 아우 아구다가 국호를 대금이라고 하고 황제에 즉위했지.
황제 폐하, 만세!
금나라 만세!

여진족은 싸움을 잘했으나 정착한 지 수십 년이 지나자 유목 습성을 잃었어.
말 타는 법도 잊어버렸네.

결국 이들은 중국 한족과 혼인하기 시작했으며 남송과의 평화를 굳건히 유지했지.
유교 이념에 따라 나라를 다스리겠노라.

1104년 숙종 9년, 한 신하가 여진이 쳐들어온다고 왕에게 급히 아뢰었어.
전하, 여진족이 쳐들어왔답니다!
나쁜 오랑캐 놈들!

왕은 임간에게 군사를 이끌고 나가서 여진족을 무찌르라고 명령했지.
좀도둑아, 저리 가!

이 무렵 여진족을 통일한 우야소는 기병을 이끌고 함흥까지 넘나들었어.
말 탄 적들이 쳐들어온다!

여진족이 고려의 국경선을 마구 짓밟고 고려 백성을 죽이자 숙종은 당황했지.
윤관 장군, 어서 여진족을 토벌하시오!

윤관은 군사를 이끌고 나아가서 우야소를 크게 꾸짖었어.
은혜를 저버리고 행패를 부리다니!
이웃 나라로 대해주면 물러가겠다.

윤관은 우야소와 화친을 맺어 일단 그들을 몰아내고 개경으로 돌아왔지.
전하, 적들은 말을 탄 날쌘 군사로 상대하기 어려웠습니다.

숙종은 윤관의 말을 듣고, 특별 부대를 조직하도록 명령했어.
장군, 여진족을 무찌를 만한 부대를 만드시오!

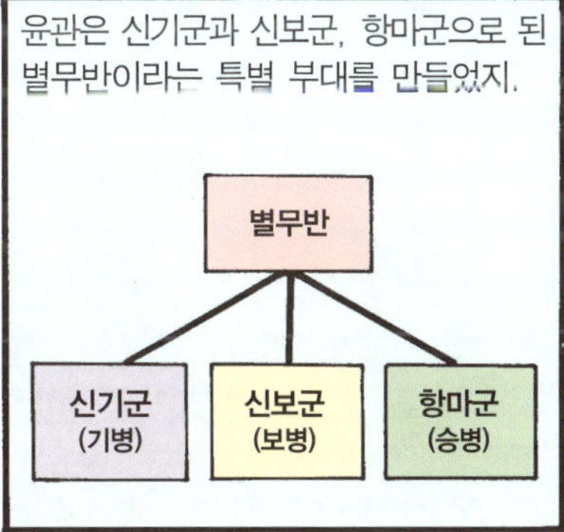
윤관은 신기군과 신보군, 항마군으로 된 별무반이라는 특별 부대를 만들었지.
별무반
신기군 (기병)
신보군 (보병)
항마군 (승병)

그리고 밤낮을 가리지 않고 별무반을 훈련하는 한편, 군량을 모았어.
얍, 얍!
뭐가 보여?

1107년 여진족이 날뛰기 시작하자 예종은 윤관을 북벌군 도원수로 임명했지.
오랑캐를 모조리 무찔러라!

고려군은 여진족 5,000여 명을 물리치고 포로도 잡는 등 크게 이겼어.
윤관 장군 만세!
고려군 만세!

윤관은 왕에게 건의하여 여진족을 몰아내고 차지한 곳에 9성을 쌓았지.
9성으로 이사 가세.
땅도 일구고 오랑캐에게서 나라도 지키고 좋지.

거란(요나라)은 왕위를 둘러싼 내분으로 정국이 불안하다가 성종 때 안정을 되찾았어.
이제 좀 튼튼해졌군.
왕위 계승

성종은 송나라를 공격해 1004년 강화를 맺고, 송에서 받는 공물로 재정을 늘렸지.

거란은 송나라와 무역을 한 덕분에 경제적, 문화적으로 국력이 융성해졌어.
무거워도 행복해.
낑낑!
경제
문화

특히 성종은 정치 조직과 군사 조직을 정비하고 법전을 편찬, 공포하는 등 강력한 중앙 집권 체제를 갖추었어.
모양이 제법 갖춰지네.
정치
군사
음

이 무렵 거란은 고려와 북만주의 여진을 침략해 동북아시아의 강국이 되었지.
쟨 너무 강해.
거란

그러나 성종 이후인 흥종과 도종 때 황실의 내분으로 반란이 일어났어.
아들아, 내 손을 꼭 잡아라.
황 실

그리고 고려를 모두 세 차례에 걸쳐 공격했으나 번번이 실패했지.
또 덤벼봐.
헉헉!

고려와의 세 차례의 전쟁으로 거란의 인적, 물적 손실은 적지 않았어.
완전 손해 본 장사야.
휴!

게다가 거란은 금나라와 연운 16주를 되찾으려는 송의 협공을 받았지.
치사하게 둘이 덤비니?
금
송

1125년 결국 거란은 황제 천조제가 사로잡힘으로써 멸망했어.

한편 거란의 황족 야율대석은 서쪽으로 망명하여 중앙아시아에 서요를 세웠지.
아직 우린 죽지 않았어.
서요

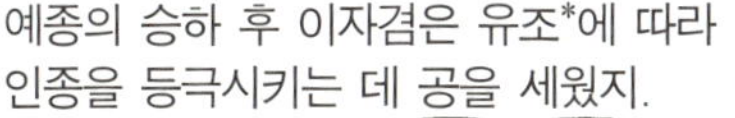
* 유조: 임금이 세상을 떠나며 내리는 조서

금나라가 세력을 떨칠 무렵 송나라는 당쟁이 심해져 국력이 급격히 쇠퇴했어.
개혁파는 물러가라!
보수파는 각성하라!
宋

이 틈에 채경 같은 관료가 환관 동관과 결탁, 온갖 부정부패를 일삼고 있었지.
대감, 요즘이 재물 모으기가 최고입니다.

게다가 휘종은 도성 동북면에 인공산을 만들고 향락 생활에 빠졌어.
폐하, 어렵게 구했사옵니다.
그대야말로 충신이오.

1120년 송은 금과 연합, 거란을 공격하기로 했는데, 방랍의 난이 일어났지.
먼저 난부터 진압해야겠소.
금
송

방랍은 분노한 백성을 이끌고 한때 항저우를 점령하는 등 세력을 떨쳤어.
오들오들
그… 그만 돌아가세.
항저우

한편 군사를 돌렸던 금은 다시 남하, 이듬해에는 송의 수도 변경을 함락했지.
툭하면 약속을 어긴 너흰 혼나야 돼.

당시 금나라 군대가 도성 가까이까지 쳐들어왔다는 소식에 휘종은 기절했어.
설마 금나라가….
폐하, 정신 차리세요!
쿵!

백성은 결사대를 결성했지만 휘종의 뒤를 이은 흠종은 두려움에 떨고 있었지.
목숨을 걸고 성을 지키자!
덜덜덜

결국 송은 금나라의 모든 요구를 들어줬으나, 1127년 금나라에 멸망당했어.
시키는 대로 했는데 왜 이래?

휘종과 흠종, 3,000명의 종실은 포로로 잡혀 유배되었지.
아버님, 누추하지만 들어가시지요.

때마침 휘종의 아홉째 아들 강왕은 금에 사신으로 가기 위해 수도를 떠나 있었어.
아버지와 형님이 포로가 되셨다고?

덕분에 금의 추격을 피해 강남으로 피신해 정권을 세웠는데 이것이 남송의 시작이었지.
기필코 나라를 되찾으리라!

이자겸이 죽은 후 고려는 문벌 귀족과 신흥 세력이 대립해 갈등이 더 심해졌어.
고인 물은 썩게 마련이오.
오래 묵은 장맛이 뛰어나오.

김부식을 대표로 하는 개경 중심의 문벌 귀족은 보수적이고 사대적이었지.
유교야말로 뛰어난 이념이자 학문이오.

하지만 지방 출신의 신흥 세력은 자주성을 내세우며 개혁 정치를 추구했어.
풍수지리설의 풍 자도 모르는 자들이오.
썩은 물은 퍼내야 하오.

특히 신흥 세력은 서경 천도론, 칭제 건원론, 금국 정벌론 등을 주장했지.
서경으로 천도합시다.
전하를 황제로 부릅시다.

그들 중에는 서경 출신이 많았는데 서경으로 천도해서 정권을 잡으려 했어.
서경으로 천도하면 우리 세상인데.
좋지.

다른 주장에는 응하지 않던 인종도 서경 천도론에는 호의적이었지.
전하, 어떠시옵니까?
참 좋구려, 자주 와야겠소.

그러나 김부식 등의 개경 문벌 귀족은 서경 천도론을 거세게 반대했어.
풍수지리설은 미신일 뿐이오.
내가 나서서 막겠소.

때마침 서경에서 재앙이 자주 일어나자 문벌 귀족은 서경 천도를 강하게 반대했지.
전하, 묘청의 목을 베시옵소서.

결국 묘청 등은 1135년 정월 서경에서 난을 일으켰어.
고인 물을 힘으로 몰아냅시다!

그들은 국호를 대위, 연호를 천개, 군대 이름을 천견충의군이라고 했지.

그러자 인종은 김부식에게 관군을 이끌고 나가 난을 진압하게 했어.
먼저 서경 천도를 주장한 정지상과 백수한을 죽여라!

묘청은 부하에게 죽임을 당했고, 1년여를 더 버티던 대위국은 1136년 2월에 망했지.
아, 사라진 꿈이여!
대위국

* 프리드리히 1세 초상화

* 바르바로사: 이탈리아어로 붉은 수염

1122년에 태어난 프리드리히는 1147년에 슈바벤 공작이 되었지.

* 선제후: 독일 황제의 선거권을 가졌던 일곱 명의 제후

고려 인종은 김부식에게 명을 내려 역사를 정리한 책을 펴내게 했어.
난도 수습되고 했으니 역사책을 펴내시오.
음

그것이 바로 《삼국사기》인데, 신라·고구려·백제의 흥망을 주로 기술했지.
현재 우리나라에 있는 역사책 중 가장 오래된 거야.
이건 요새 나온 건데.
삼국사기
?

《삼국사기》는 1174년에 송나라에 진상되기도 했어.
폐하, 고려의 보물이오니 조심조심 다루세요.
♪

《삼국사기》를 언제부터 편찬했는지는 그 시기가 정확하게 알려져 있지 않아.
어쨌든 1145년에 완성했어.

신라, 고구려, 백제 삼국은 《삼국사기》에서 대등하게 다루어졌지.
그런데 부여, 가야, 발해의 역사는 빼먹었어.
긁적

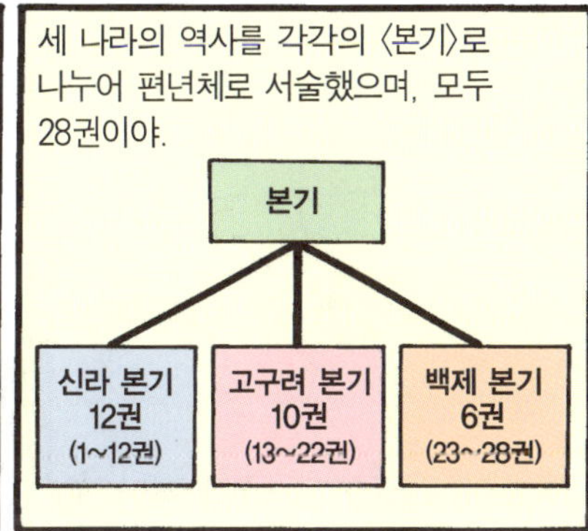
세 나라의 역사를 각각의 〈본기〉로 나누어 편년체로 서술했으며, 모두 28권이야.
본기
신라 본기 12권 (1~12권)
고구려 본기 10권 (13~22권)
백제 본기 6권 (23~28권)

〈연표〉는 중국 역대 왕조의 연호를 기준으로 삼구 왕계를 표로 작성했어.
누가 어느 나라 왕인지 한눈에 쏙 들어와.

〈지〉는 삼국의 제도, 문화, 지리 등을 분야별로 서술했고 총 아홉 권이지.
신라의 찬란한 문화가 어땠는지 볼까?
♪

〈열전〉은 인물 전기로 69명이 수록되어 있는데 1~3권이 김유신이야.
고려 사람이 제법 인물을 알아보는군.
열전2
열전3
열전4

《삼국사기》는 이후 《고려사》와 《조선왕조실록》 편찬 등에 영향을 주었어.
조수, 《삼국사기》 3권 좀 가져와!

하지만 신라 위주의 서술이고, 백제의 기록이 부족하며 사대주의적이라는 점,
당연히 정권을 인수받은 신라의 사료가 많았거든.

불교 및 전통 사상을 기술하지 않았다는 점 등의 비판이 있지.
모든 걸 싣지 않았다고 비판받을 수는 없어.
옳거니!
음

* 노트르담 대성당

* 노트르담 = 우리의 귀부인 = 성모 마리아

의종 때 문신이 무신보다 더 대우받고 내시마저 궁궐을 쥐고 흔들었어.
천한 것들.
우씨, 다 같은 양반인데….

불만이 쌓인 무신들은 상장군 정중부에게 하소연했지.
장군, 문신이 어찌 병마권까지 쥐고 있습니까?
끄응!

정중부도 전에 김돈중이 자신의 수염을 태운 일로 문신에게 불만이 있었어.
문신은 정말 마음에 안 들어.
이놈의 세상, 뒤집어야 합니다.

그러던 때 1170년 8월 의종과 대소 신료가 보현원으로 행차를 했지.
수박 경기로 짐을 즐겁게 하라.

수박 경기를 하던 중 대장군 이소응이 힘들어하자, 느닷없이 한뢰가 뺨을 때렸어.
짝악!

그걸 본 정중부가 화를 냈으나, 의종의 하소연으로 한뢰는 살아났지.
저, 저런 무례한 놈!
장군, 그깟 일로… 참으시오.

정중부는 다음 날 문신이 참소를 올리기 전에 미리 거사를 일으켰어.
드디어 때가 왔다. 모두 칼을 들어라!

의종이 보현원으로 쉬러 들어간 사이 무신이 문신을 모두 죽였지.
한 놈도 살려두지 마라!

정중부는 도망간 한뢰를 찾았고 그의 수하 이고가 한뢰를 찾으니 죽었이.
쥐새끼 같은 놈, 이리 나와!

궁궐로 도망간 김돈중은 태자를 데려가서 성문을 닫으려 했지.
빨리 성문을 닫아라!

그러나 먼저 눈치챈 정중부가 의종을 폐하여 거제도로 귀양 보냈어.
조용히 계세요.

이렇게 무신 정권이 들어섬으로써 문벌 귀족 사회는 막을 내리게 되었지.
와르르!
이제 우리 세상인가?
귀족 사회

아일랜드는 아일랜드 섬의 6분의 5가량을 차지하는 공화국이야.
아일랜드 섬과 혼동돼서 아일랜드 공화국이라고 해.
음

북아일랜드와 국경을 접하며, 동쪽은 아일랜드 해, 서쪽은 대서양과 접하고 있어.
북아일랜드
대서양
더블린
아일랜드 공화국
아일랜드 해

기원전 6세기경부터 켈트족이 대륙에서 아일랜드로 이주했지.
여기서 자리 잡고 살자.

기원전 4세기경에는 잉글랜드에서 브리튼족이 들어와 게일이라는 혼혈 민족이 생겼어.
나랑 결혼해요.
조상도 같으니 좋아요.

5세기에는 성 패트릭에 의해 가톨릭이 전해지고 교역을 통해 로마 문화가 들어왔지.
옛날엔 로마에서 물건을 빼앗았는데.
Made in Rome

8세기부터 11세기 초에는 노르만의 바이킹족이 아일랜드를 침략했어.
무서운 야만족들!
아일랜드

바이킹족의 세력이 약해지던 1169년 잉글랜드의 헨리 2세가 쳐들어왔지.
나 좀 들어가게 비켜!

그때 수도인 더블린이 함락되면서 아일랜드는 잉글랜드의 식민지가 되었지.
단단히 박아.
우리 땅

그러나 켈트족은 끈질기게 저항하여 잉글랜드 세력을 서서히 몰아냈어.
더 뒤로 가!

1534년에는 잉글랜드의 헨리 8세가 많은 군사를 이끌고 아일랜드로 쳐들어왔지.
아일랜드는 우리 땅, 우리 땅~.

헨리 8세는 아일랜드 국왕을 자처하며 잉글랜드 국교를 아일랜드 국교로 선포했어.
그대들도 짐의 백성이노라.

아일랜드 역사는 800년을 독립을 위해 싸운, 저항의 역사라고 할 수 있지.
축 아일랜드 독립 1937

한국사

의종 때 태어난 경대승은 힘이 장사여서 어려서부터 큰 뜻을 품었대.
이 힘을 함부로 쓸 수는 없지.
으라차차!

아버지가 장군으로 있을 때 백성에게 논밭을 되돌려줘 많은 칭송을 받았어.
장사인 데다가 마음씨까지 착하네.
땅문서
문서

열네 살 때 지금의 장교와 같은 교위가 되었다가 얼마 안 되어 장군에 올랐지.
너무 설쳐.
물렀거라!

경대승은 무신의 횡포를 막을 계획을 세우고 허승과 함께 그들을 죽였어.
더 이상 두고 볼 수가 없소.

그 뒤 공을 세운 허승과 김광립 등이 세도를 부리자 그들마저 몰아냈지.
너무 까불었나 봐?

그런데 시간이 흐를수록 적이 생겼고 경대승은 신변의 위험을 느꼈어.
사방이 적이야.

경대승은 힘과 무예가 뛰어난 장사 100명을 뽑아 도방에 배치했지
발 뻗고 편히 주무세요.

도방은 경대승의 호위 사병이자 소위 활빈당의 성격을 띤 집단이었지.
부정으로 모은 걸 빼앗았으니 가지시오.
나리, 고맙습니다.

경대승은 활빈당 일을 하다가 붙잡힌 도방 장사를 사면할 만큼 마감했어.
재물을 약탈한 죄인입니다.
가난을 구제했으니 풀어줘.

백성은 경대승을 칭송했고 문무 신료는 두려움에 떨었지.
여기가 경대승 장군 댁이야.
아, 그 훌륭한 분!

도방의 장사는 경대승을 떠받들었고 그를 위해 목숨을 바칠 각오까지 했어.
우리와 한솥밥을 먹고 한 이불을 덮는 장군은
위대한 태양이십니다!

그러나 경대승이 29세에 병으로 죽자 도방의 사병은 섬으로 쫓겨났지.
아, 우리의 태양이 졌어!
흑흑!

가마쿠라 시대는 가마쿠라에 막부가 설치돼 조정과 막부가 중심이 된 때야.
어디서 일하는데 목에 힘주고 그래?
막부!

무사 계급이 천황, 귀족 계급과 분리된 새로운 지배 체제로 봉건 정치의 시작을 뜻해.
쇼군이시다. 머리 숙여!

일본에서 막부란 말은 원래 전쟁 중인 대장의 근거지를 뜻하는 말이지.
가마쿠라 막부는 군사 정권을 가리키는 말이야.

가마쿠라 막부를 세운 미나모토노 요리토모는 자신의 신하를 지방 관리로 뽑았어.
결코 은혜를 잊지 않겠습니다.

그들을 슈고와 지토라 하는데, 슈고는 지방 소국의 군사, 경찰권을 위임받은 관리야.
충성!

지토는 장원에서 토지 관리, 치안 유지, 세금 징수 등을 하는 관리를 말해.
새로 오셨군요. 잘 부탁합니다.
세금 잘 내면 돼.

땅을 받은 신하는 요리토모에게 군사와 경제 원조를 해주는 관계를 유지했어.
쇼군, 필요한 데 쓰세요.
준 거니까 받겠네.
에헴!
돈

가마쿠라 막부는 12세기부터 14세기에 존재한 일본 최초의 막부였지.
무신이 장악한 최초의 사회였어.

이 당시 송나라는 외침을 많이 받았고, 고려는 거란, 여진, 몽골 등에게 시달렸어.
하루도 조용할 날이 없군.

그러나 가마쿠라 막부는 상대적으로 주변국의 혼란기와 상관없었지.
참으로 평화롭구려.
쇼군의 은덕입니다.
하하하

가마쿠라 막부는 그러한 혼란기를 이용해 무역 호황을 누려 성장했어.
요즘 장사가 어떤가?
덕분에 아주 잘됩니다.

하지만 나중에 막부가 무너지게 된 것도 원나라의 침략이 한 원인이었지.
전쟁에 갔다 왔다고 준 상이 너무 적어.
에잇, 막부를 타도해야 돼.

정권을 잡은 경대승은 최충헌을 '정중부의 충견'이라고 멸시하며 내쳤어.
출셋길이 막혀버렸어.
휴우!

이의민 집권 때도 최충헌은 이의민의 처에게 무례하게 굴었다며 좌천당했지.
감히 누구한테…
이 수모를 반드시 되돌려줄 테다.
철썩!

야심을 키운 최충헌은 아름답고 총명한 자운선을 이지영의 첩으로 들여보냈어.
이지영과 그의 아비 이의민을 잘 감시하게.

또한 동생 최충수와 함께 무장을 모으고 은밀히 장사를 불러 모았지.
장군, 이의민이 혼자 미타산에 갔답니다.
옳거니!

1196년 최충헌은 최충수와 무장들을 거느리고 미타산에서 이의민을 죽였어.
형님, 이지영의 목도 베었답니다.
성공이야!

최충헌은 군사를 이끌고 입궁하여 명종에게 이의민을 죽였다고 아뢰었지.
전하, 역적 이의민을 처단하였사옵니다.
아이고, 저 칼… 무서워.

이의민의 측근인 길인, 유광, 박공습이 반격했지만 곧 수세에 몰려 후퇴했어.
잔당을 무찔러라!

최충헌은 진압군을 물리친 뒤 반기를 들었던 신하와 무관을 죽였지.
반대
저승

하지만 언제 반란이 일어날지 몰라 명종도 폐위시키기로 했어.
형님, 전하를 믿을 수가 없어요.

최충헌은 두경승과 신하들을 숙청한 뒤 명종을 폐위하고 그 동생을 왕위에 앉혔지.
전하, 잘 어울리십니다.
짝짝 짝!

그러나 최충수가 딸을 태자비로 삼으려다가 형의 군사와 싸운 끝에 죽임을 당했어.
아, 욕심이 아우를 망쳤네.

하루아침에 왕이 바뀌고 형제간에 싸움이 벌어져 민심이 흉흉하고 공포에 잠겼지.
수군수군!
쉿, 죽고 싶어?

* 십자군의 콘스탄티노플 점령

* 박물관으로 사용 중인 소피아 성당

무신 정변은 문무의 지위를 바꾸었을 뿐 아니라 신분 질서에 변화를 가져왔어.
완전 물 만났군.
세상 오래 살고 볼 일이야.

하층 계급은 집권 세력이 약해진 틈을 타 곳곳에 진출해 신분을 높였지.
개똥아, 집 잘 보거라.
상놈이었던 주제에 유세는….

특히 명종과 신종 때는 각지에서 농민과 노비가 자주 난을 일으켰어.
빨리 움직여! 또 난이 일어났다!

1198년 어느 날, 최충헌의 노비 만적은 많은 노비를 모아놓고 난을 일으키자며 선동했지.
왕과 대신이 원래부터 씨가 있겠는가! 우리도 높은 벼슬을 할 수 있다!
상전을 죽이고 노예 문서를 불사르자!
옳소, 옳소!

노비의 큰 호응을 얻은 만적은 반란 계획을 세우고 궐기 방법을 정했어.
난만 성공하면 우리 세상일세.
난 상장군이나 할까?
하하하, 난 정승 할래.

하지만 만적의 연설을 듣고 난 한충유의 노비 순정은 망설였지.
도저히 성공할 수가 없어.

더욱이 집으로 돌아온 순정은 주인을 죽이자는 일이 마음에 몹시 걸렸어.
왜 이리 늦게 돌아다니느냐?
저렇게 좋은 주인을 어떻게 죽여?

순정은 주인에게 모든 일을 고해바쳤고, 한충유는 최충헌에게 달려갔지.
넌 밖에 나가지 마라!

한충유의 말을 들은 최충헌은 소스라치게 놀라 부하들에게 명을 내렸어.
감히 종놈들이… 모두 잡아들여라!

얼마 후 만적과 100여 명의 종을 붙잡아 임진강 물속에 처넣었지.
풍덩!

결국 난은 실패했으나 우리나라 역사상 가장 대표적인 노비 해방 운동이었어.
조용히 살 것이지 왜 설쳐?

칭기즈 칸의 어릴 때 이름은 테무친인데 아버지 예수게이가 적장의 이름에서 따왔어.
테무친이여, 용감하게 자라나라!

칭기즈 칸이 8세 때 부족장인 아버지 예수게이가 타타르족에게 독살당했지.
꼭 아버지 원수를 갚고 말 테야.

그러자 부족은 예수게이의 정적인 타이치우트 일가의 사주로 권력을 빼앗았어.
어린애에게 부족을 맡길 수는 없소.

테무친의 식구는 풀뿌리와 생선을 먹으며 가난하게 살았고, 부족은 흩어졌지.
아, 사람들이 우릴 버렸어.
어머니, 양고기 먹고 싶어요.

성장한 테무친은 아버지와 의형제였던 케레이트족의 토그릴 완 칸을 찾아갔어.
오, 어서 오너라!
칸, 절 좀 도와주세요.

모피를 선물 받은 토그릴은 테무친의 흩어진 부족을 모아주겠다고 약속했지.
결혼 기념으로 받은 모피입니다.
군사 2만 명을 내주마.

강력한 후원을 얻은 테무친은 자신의 군대를 이끌고 메르키트족과 주르킨족을 차례로 무찔렀어.
그대들은 내 병사가 되어 나를 따르겠는가?
목숨만 살려주십시오.

세력이 점점 강해진 테무친은 마침내 타타르족과 최후의 결전을 벌였어.
아버님의 원수인 저놈들을 모조리 죽여라!
왁! 왁!

타타르족과의 싸움에서 이긴 테무친은 타타르족의 아이들만 살려두었지.
자라서 나의 충실한 추종자가 될 것이야.

한편 토그릴 완 칸과의 동맹이 무너지자 테무친은 그도 제거했어.
은혜를 원수로 갚다니!
내 앞날에 방해가 될 뿐이오.

마침내 칭기즈 칸은 1206년 몽골의 모든 부족을 통치하는 황제로 추대되었지.
칭기즈 칸 만세!
황제 폐하 만세!

* 권항사: 항복을 권하러 적군에게 보내는 사자　　　* 다루가치: 몽골이 고려의 점령 지역에 두었던 벼슬

1189년 헨리 2세의 뒤를 이어 사자 왕 리처드 1세가 즉위했어.
폴 폴!
폐하가 대부분을 전쟁터에서 지내니 먼지 털기 바빠.

그런데 사실상 리처드 1세의 동생인 존이 형 대신 왕 역할을 하고 있었지.
형님이 언제쯤 오시려나?

그러다 1199년 리처드 1세가 죽자 존이 정식으로 대관식을 올리고 즉위했어.
오늘부터는 진짜 왕인가?

프랑스 왕 필리프 2세는 리처드 1세의 아들인 아서 왕자가 왕위를 이어야 한다며 존 왕을 소환했으나 거절당했지.
감히 신하가 국왕의 명령을 거절하다니!
이때는 영국 왕이 프랑스 왕의 신하였어.

존 왕은 프랑스와 전쟁을 한다며 세금을 많이 올렸지만 전쟁에서 패해 노르망디의 대부분을 빼앗겼어.
다음에는 꼭 이기겠소.
믿지 못하겠사옵니다.
또 세금을 낭비하시려고요?

귀족과 성직자는 과도한 세금을 매긴 존 왕에게 반발해 반란을 일으켰지.
국왕에게 본때를 보여줘요.
세금만 많이 걷고 한 일이 없어요.

1215년 귀족은 존 왕에게 왕권을 제한하는 문서에 서명하라고 강요했어.
그 문서가 마그나 카르타, 즉 대헌장이야.
귀족 힘이 막강했네.

그 문서는 존 왕이 귀족의 권리와 지위를 재확인하는 내용도 담고 있었지.
휴, 좋은 세상 다 지나갔군.
휴~

당시 존 왕은 전쟁 자금을 마련하려고 툭하면 귀족을 수탈하며 자극해왔다.
아무리 우리 의무라지만 너무해.
원조하는 것도 한두 번이지.

"군역세와 봉건 원조는 공통된 조언이 아니면 징수하지 않는다"는 조항이 유명해.
이 조항 진짜 마음에 드네.
와, 이제 살 것 같아.

이 조항은 후일 징세에 대해서는 의회의 동의가 필요하다는 의미로 해석되었어.
세금을 좀 걷으시오.
폐하, 먼저 의회의 동의를 얻어야 합니다.

고려 인종 때 최윤의 등이 왕명으로 고금의 예의를 수집하여 《고금상정예문(상정예문)》을 펴냈어.
수고하셨소.

세월이 흘러 책장이 떨어지고 글자가 닳아 읽기 어려워지자 최충헌이 두 부를 만들었지.
한 부는 예관에 주고 다른 한 부는 내 집에 두어라.

몽골 침입 때 강화로 천도하던 중 예관이 챙기지 못해 최충헌의 소장본만 남았어.
아, 《상정예문》을 빼먹고 안 가져왔네.

1234년 다시 펴냈는데 이규보의 《동국이상국집》에 책을 펴낸 경위가 나와.
금속 활자로 28부를 찍어 여러 관사에 나누어 간직했다.

그러므로 이미 강화 천도 이전에 고려의 금속 활자가 발명되었음을 알 수 있지.
그 당시에 쇠붙이를 녹여 활자를 만들다니! 대단해.

《직지심체요절》보다 143년 앞선 것으로 세계 최초 금속 활자본이라 할 수 있어.
현존하는 것으로는 《직지심체요절》이 세계 최초야.
直指

금속 활자 인쇄는 먹물이 잘 묻지 않는 쇠의 특성상 매우 어려운 기술이야.
먹물이 잘 묻지 않아요.
그게 다 기술이지.

하지만 아쉽게도 남아 있는 책이 없어 《상정예문》의 정확한 내용은 알 수 없지.
《상정예문》의 내용을 알 수 없는 게 아쉽군.

그러나 김휴의 《해동문헌총록》 해설로 그 내용을 미루어 짐작할 수 있어.
우리나라 도서의 목록과 해제를 기술한 책에 나오니 다행이야.

《상정예문》은 왕실의 의례부터 관리의 의복까지 다루었다고 해.
예로부터 고려 때까지의 예문을 모았고, 당나라의 예를 참고했대.

이 책은 조선 초기까지 남아 《고려사》의 〈예지〉를 편찬할 때 주요 자료가 됐지.
조선의 태조가 편찬하게 했어.

《상정예문》을 주도한 최윤의는 뛰어난 문장과 인격으로 선비들의 존경을 받았어.
문하시랑평장사인 최윤의 어른이셔.

* 그라나다 언덕에 세워진 알람브라 궁전

고려는 여러 차례 외침을 받자 부처님의 힘으로 나라의 안전을 꾀하려 했어.
어서 대장경을 간행하시오.

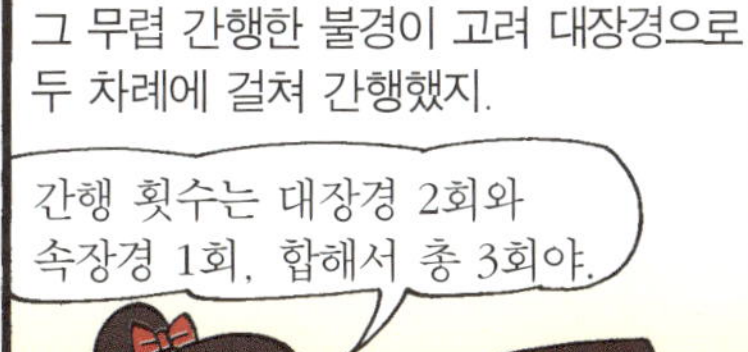
그 무렵 간행한 불경이 고려 대장경으로 두 차례에 걸쳐 간행했지.
간행 횟수는 대장경 2회와 속장경 1회, 합해서 총 3회야.

흔히 고려 대장경은 현재 해인사에 보관되어 있는 해인사 대장경판을 가리켜.
원래는 재조대장경으로 구분했어.

해인사 대장경판만이 고스란히 보존되어 있기 때문이야.

* 합천 해인사

해인사 대장경판은 부처님의 힘으로 몽골족의 침략을 물리치고자 판각되었어.
부처님, 제발 몽골을 물리칠 수 있게 해주세요.

조선 시대 초까지는 강화도 선원사에 보관되었던 것이 해인사로 옮겨졌지.
강화도로 천도한 후 만들었거든.

소위 '팔만대장경'이라 부르듯 완성 당시 경판은 8만 1,137매였어.
자그마치 15년이 걸렸군.

현재 보관된 경판은 8만 1,258매에 이르며, 문헌 6,815권이 수록되어 있지.
6,000권이 넘다니, 대단해.

해인사 대장경판은 현존하는 대장경판 중 가장 오래되었으며, 가장 정확한 것이야.
세계 기록 유산으로 지정됐어.

그리고 독자적으로 수집한 귀중한 문헌들이 수록되어 있어.
약 20종의 불전과 각종 목록 및 사서 등이지.

대장경이 수록하지 않았더라면 영원히 알려질 수 없을 뻔한 귀중한 문헌들이야.
팔만대장경은 일본 다이쇼신수대장경의 본디 책이었어요.

대장경 제작은 백성에게 부담이었지만 인쇄술과 출판 기술의 발전을 가져왔지.
살기도 힘든데 대장경까지 만들려니 죽겠네.
그러게 말일세.

* 카라코룸을 세웠던 오르콘 강가

1270년 | 배중손, 삼별초를 이끌고 대몽 항쟁 시작

* 한국: 칭기즈 칸의 후예들이 건설한 세계 정복 국가들의 이름

* 대도: 현재의 베이징

《삼국유사》는 1285년경 고려의 승려 일연이 지은 역사책이야.
단군 신화, 삼국의 건국과 역사를 수록했지.

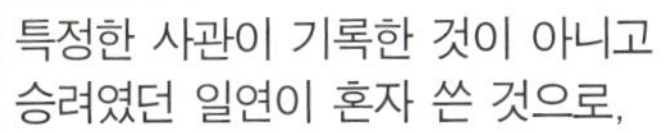

특정한 사관이 기록한 것이 아니고 승려였던 일연이 혼자 쓴 것으로,
오늘날 원본이 아닌 재간된 것만 전해지고 있어.

체계적이지는 못하나 많은 고대 사료를 수록하고 있지.
그래도 《삼국사기》를 많이 보완했어.

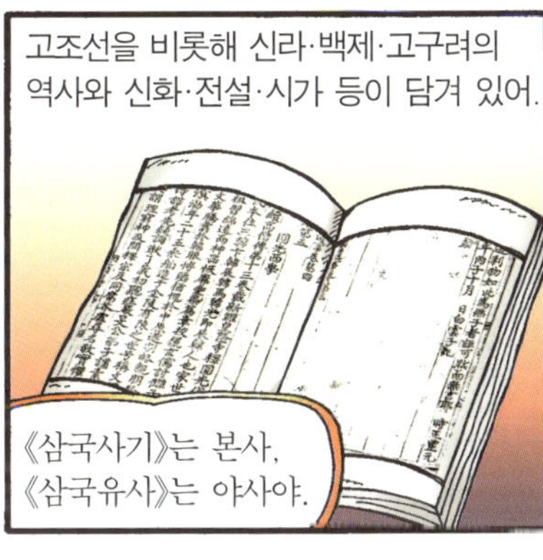
고조선을 비롯해 신라·백제·고구려의 역사와 신화·전설·시가 등이 담겨 있어.
《삼국사기》는 본사, 《삼국유사》는 야사야.

그리고 고대 국가의 성립과 멸망, 신화와 전설 등을 다루고 있지.
특히 가락국의 모습을 상세하게 전해주고 있어.
역사에서 사라진 나라인데.

또한 불교에 관한 이야기와 효행이나 선행 같은 미담을 다루었어.
불교는 내 전공이니 자료가 풍부해.

《삼국유사》에는 정사에 기록되지 못하고 누락된 기록이 원형대로 담겨 있지.
있는 그대로의 역사네.
역사를 자유롭고 풍부하게 다루고 있지.

특히 고조선의 이야기를 실어 우리 민족 반만년의 역사를 내세울 수 있게 했어.
단군이 우리 민족의 시조라는 근거를 밝혔지.

그뿐만 아니라 《삼국유사》에는 14수의 신라 향가가 실려 있어.
한국 고대 문학사의 형태를 잘 보여주는 자료야.

《삼국유사》는 신라와 불교 중심으로 편찬됐지만 고대사 연구에 아주 중요해.
내가 쓴 《삼국사기》와 쌍벽을 이루지.

일연은 《삼국사기》에 채 실리지 못한 이야기를 《삼국유사》에 많이 기록했어.
대단한 일이오.
그래도 《삼국사기》는 정사가 아닙니까?

일연은 승려이지만 불교의 문제점에 대해서도 객관적 비판을 하고 있지.
불자로서 참 힘든 일이었어.

1303년 프랑스군이 이탈리아 아나니의 별장에 있던 교황 보니파키우스 8세를 습격하여 체포한 사건이 일어났어.
국왕 폐하 필리프 4세의 말을 듣지 않는 교황은 물러나시오.
교회에서는 절대 세금을 걸을 수 없소!

교황은 아나니의 주민에게 구출되었지만 화병으로 죽고 이후 교황청은 프랑스 국왕의 꼭두각시가 되었지.
이제 교황청은 내 손바닥 안이야.
감히 누가 폐하를 방해하겠습니까?

한편 필리프 4세의 책략대로 프랑스인 추기경이 교황 클레멘스 5세로 즉위했어.
축하하오!
내 뜻대로 척척 되어가는군.

그 뒤 1308년 교황청을 프랑스 남부로 옮겼고 1309년 아비뇽에 거처를 두었지.
전임 교황의 일도 처리해야 되니 잘 오셨소.

그 무렵 로마는 아나니 사건 처리를 하던 중 신성 로마 제국의 침략을 받았어.
신성 로마 제국이 로마를 침략했답니다.
이런, 계속 여기 머물러야 되네.

아비뇽은 프랑스 왕국의 영내가 아니라 교황의 가신인 프로방스 백작의 영지였어.
제 땅 안이니 마음 놓고 지내세요.

아비뇽 유수기의 추기경과 교황은 대부분 프랑스 출신이 선출되었지.
이번 교황도 프랑스인이래.
자기네들끼리 다 해먹는군.

이탈리아의 시인 프란체스코 페트라르카는 아비뇽에 살던 중 사절에 임명되었어.
교황청을 위해 열심히 일해주게.

그 무렵 프란체스코 페트라르카는 교황에게 로마로 돌아가라고 종종 호소했지.
어서 로마로 돌아가 위신을 세우세요.

그는 자신의 작품에서 교황의 아비뇽 유수를 바빌론 유수라고 표현했어.
교황이 바로 바빌로니아에 억류된 유대인 아닌가?
아~

1377년 교황 그레고리우스 11세가 로마로 돌아감으로써 아비뇽 유수는 끝이 났지.
근 70년 만에 고향에 돌아온 셈이야.
로마

1357년 홍건적은 북벌을 개시하여 초반에 큰 승리를 거두고는 했어.

하지만 원나라군의 반격과 내부 갈등으로 북벌이 좌절되었지.

1359년 홍건적은 변량(카이펑)을 다시 원나라에 빼앗기면서 요동으로 이동했어.

홍건적은 랴오양과 선양 일대의 고려 유민과 물자를 이용해 재기하려고 했지.

고려 조정은 유민을 서북 지방에 정착시켜 그곳의 방어를 강화하려 했어.

그러자 홍건적은 고려에게 보복하고 물자를 확보하기 위해 고려를 침략했지.

1차 침략 때에는 크게 패해 70여 일 만에 압록강을 건너 달아났어.

2차 침략에서 개경을 함락하기도 했으나 결국 완전히 섬멸되었지.

하지만 고려는 서북 지방에 많은 피해를 입었고, 특히 개경의 피해기 아주 컸어.

그 밖에도 공민왕이 남쪽으로 피신했고 전쟁 준비로 인한 타격도 컸지.

이 무렵 이성계를 비롯한 신흥 무인 세력이 왜구와 홍건적을 격퇴하면서 성장했어.

홍건적의 침략은 고려의 국운을 쇠퇴시켜 고려의 멸망을 재촉한 원인이 되었지.

잉글랜드는 노르만 왕조 이후 프랑스 내에 영토를 가지고 있었으므로 다툼이 잦았어.
오, 내 땅!
당시 잉글랜드 왕은 프랑스 왕의 신하였지.

13세기에는 잉글랜드 왕의 프랑스 영토가 프랑스 왕보다 많을 정도였지.
어찌 신하의 땅이 더 많은가?
소신이 가서 따지겠습니다.

잉글랜드가 독립 국가로 발전하자 두 나라는 영토 문제로 불화가 끊이질 않았어.
땅이 너무 많사옵니다.
이제 프랑스 신하가 아니니 간섭하지 마!

그 무렵 프랑스의 샤를 4세가 후계자 없이 죽자 사촌 발루아 백작이 왕위에 올랐지.
형님, 고마워요.
필리프 6세 만세!

이때 샤를 4세의 외손자인 잉글랜드 왕 에드워드 3세가 프랑스의 왕위 계승권을 주장했어.
가까운 친척인 내가 프랑스 왕이 되어야 해.
당연합니다!

그러자 1377년 필리프 6세는 충성을 요구하며 잉글랜드령인 가스코뉴 지방을 몰수했지.
폐하, 프랑스가 우리 땅을 빼앗았습니다.
뭣이? 전쟁이다!

1340년 잉글랜드와 플랑드르 연합 함대는 라인 강의 하구 슬뢰이스 항을 공격했어.
본때를 보여줘라!

이 해전에서 프랑스 함대는 거의 전멸됐고 잉글랜드는 네 명이 죽었지.
프랑스를 다스릴 일만 남았도다!
으하하하

백 년 전쟁 중 전쟁터가 된 곳은 프랑스였지만 실제로 싸움은 간헐적으로 벌어졌어.
잠시 휴전!
툭하면 휴전이야.

1346년 8월 에드워드 3세는 크레시에서 프랑스군과 격돌했지.
힘을 비축했으니 다시 공격하라!

프랑스는 철갑 기마대를 내보냈고 잉글랜드는 400미터 이상 날아가는 긴 활로 맞섰어.
안 되겠다, 후퇴하라!
아악

싸움에서 이긴 잉글랜드는 1347년 칼레 시를 점령하여 프랑스 침략의 근거지로 삼았지.
폐하, 언제든지 명령만 내리시면 프랑스를 콱!

문익점이 1363년 서장관으로 원나라에 갔을 무렵 원나라는 공민왕을 폐하려 했어.
반원 정책에 앞장선 공민왕을 폐하겠소!

원나라는 충선왕의 아들 덕흥군을 왕으로 세워 고려로 쳐들어가게 했는데 패했지.
덕흥군을 지지한 내 앞날이 큰일이군.

그 뒤 귀국한 문익점은 덕흥군을 지지했던 혐의로 벼슬자리에서 쫓겨났어.
그래서 줄을 잘 서야 해.

문익점은 귀국할 때 원나라의 금수품이던 목화씨를 몰래 가지고 들어왔지.
낙향하는 김에 목화씨나 잘 키워야겠어.

문익점은 장인 정천익과 나누어 목화를 심었으나 정천익의 한 그루만 살아남았어.
허허, 내 기술이 더 좋은가?

그 뒤 원나라 승려 홍원이 정천익에게 목화에서 실을 뽑는 방법을 가르쳐주었지.
스님이 아니었으면 목화만 뚫어지게 보았을 겁니다.

정천익의 아들 문래가 실을 뽑는 물레를 만드는 방법을 배워 보급했고, 손자 문영은 면포 짜는 법을 고안했어.
이걸로 목화에서 실을 쉽게 뽑을 수 있어요.
와, 신기하네!

그 후 목화가 널리 전해져 온 백성이 혜택을 입었는데 무명은 삼베와 달리 포근하고 튼튼하며 땀을 잘 흡수했어.
촉감이 참 좋아.
자네도 무명옷 입었는가?
요즘 무명옷 아닌 게 있나?

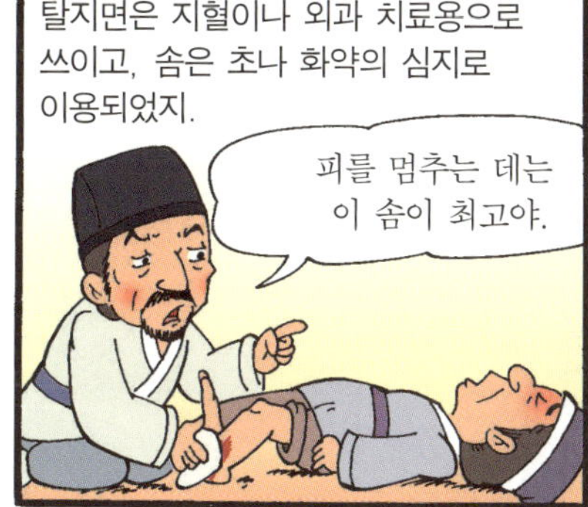
탈지면은 지혈이나 외과 치료용으로 쓰이고, 솜은 초나 화약의 심지로 이용되었지.
피를 멈추는 데는 이 솜이 최고야.

튼튼한 무명실은 노끈, 낚싯줄, 그물을 만들어 여러 곳에 두루 썼어.
하나도 버릴 게 없네.
목화가 의생활에 큰 발전을 가져왔지.

그 후 무명은 물물 교환의 화폐로 이용되었고 수출도 많이 되었지.
아내가 아들을 낳았거든요.
허, 기분이니 많이 주겠소.

흑사병은 인류 역사에 기록된 최악의 전염병으로 페스트라고도 해.
피부가 흑자색으로 변한다고 흑사병이라 했대.

유럽에서는 1340년대 흑사병으로 인구의 약 30퍼센트인 2,500만 명이 희생되었어.
온 땅이 묘지로 덮이겠네.
애고

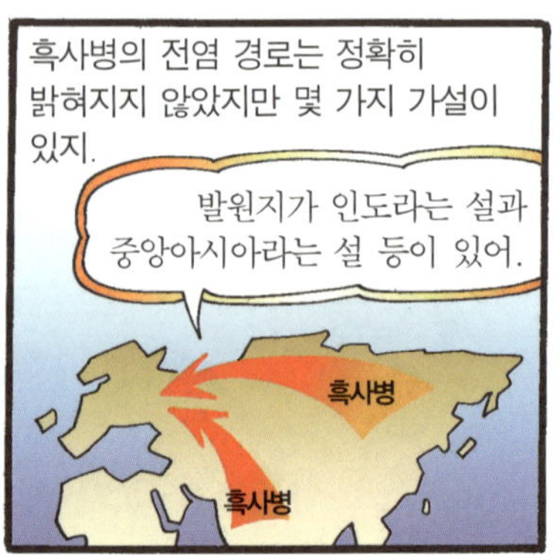
흑사병의 전염 경로는 정확히 밝혀지지 않았지만 몇 가지 가설이 있지.
발원지가 인도라는 설과 중앙아시아라는 설 등이 있어.
흑사병
흑사병

가장 유력한 가설은 중앙아시아의 스텝* 지역을 통해 전파되었다는 것이야.
쥐벼룩을 통해 옮겨지지.
찍찍!
찍찍!

* 스텝: 온대 초원 지대

흑사병이 퍼진 데에는 비단길과 몽골 제국이 관련되어 있는 것만은 분명해.
페스트균
이번에는 어디를 정복할까?
비단길

1347년 몽골의 킵차크 군대가 크림 공화국의 도시 페오도시야를 공격했지.

그때 몽골군은 흑사병으로 죽은 군인들을 투석기에 담아 성벽 너머로 던져 넣었는데 그래서 흑사병이 퍼지게 되었어.
장군, 적군의 시체를 발견했는데 피부가 흑자색입니다!
그놈들은 원래 피부가 누렇잖아?
헉헉!

그곳에 있던 이탈리아 제노바의 교역소 사람들 중 일부가 흑사병에 걸렸고, 1347년 그들은 상선을 타고 시칠리아로 갔지.
배가 돌아왔다!
저 배에 아빠가 있단다.
애야,
환영

그 배의 선원들은 이상한 전염병에 걸려 있었으며 얼마 후 모두 죽었어.
여보, 정신 좀 차려요!

그 선원들을 통해 이탈리아 전체로 퍼진 흑사병은 유럽 전역으로 퍼졌지.
지옥이 따로 없어요.
빨리 빠져나갑시다.

당시 시에나의 아그놀로 디 투라라는 사람은 다음과 같이 기록했어.
매일 밤낮으로 수백 명의 사람들이 죽어갔다. 모두 세상의 종말이 왔다고 믿었다.

* 우달치: 고려 말기에 임금의 신변을 호위하던 장수

* 최영 장군 묘

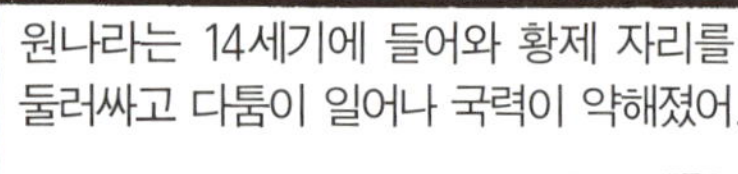

1368년 홍건적의 장수였던 가난한 농부 출신 주원장(홍무제)이 명나라를 세웠어.

* 명나라 초대 황제 주원장

1402년 연왕은 난징을 점령하고 제위를 찬탈해 황제 영락제로 즉위했지.

먼저 영락제는 북쪽으로 후퇴한 원나라의 잔당(북원)을 제압했지.

* 위소제: 명나라 때 군사 제도

《직지심체요절(직지심경)》은 1372년 승려 경한이 계송과 법어에서 내용을 뽑아 엮은 책이야.
불제자가 선을 깨닫기를 빌어야지.

그런데 1377년 흥덕사에서 그것을 금속 활자로 찍어냈다는 사실을 주목해야 돼.
많은 사람이 볼 수 있겠어.
돌아가신 경한 스님이 기뻐하실 거야.

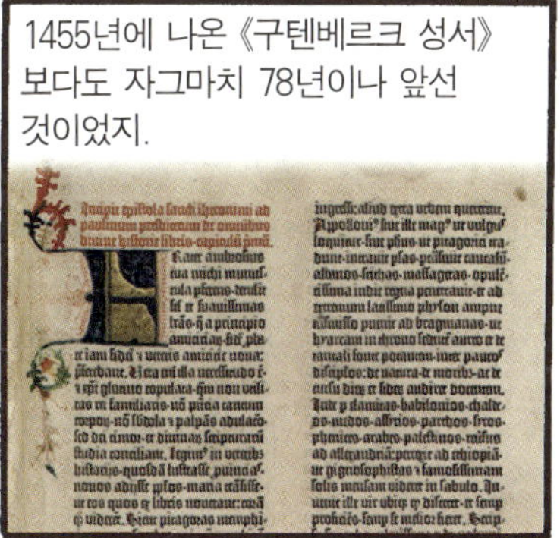
1455년에 나온 《구텐베르크 성서》보다도 자그마치 78년이나 앞선 것이었지.

* 《구텐베르크 성서》

고려 고종 때 《상정예문》을 금속 활자로 찍어냈다고 하지만 전해지지 않고 있어.
그래서 《직지심경》이 가장 앞선 책이야.

그만큼 고려는 당시 세계 초일류의 미디어 왕국이요, 최고의 문화 선진국이었지.
고려
지식 강국

《직지심경》은 파리 국립 도서관의 사서였던 박병선이 세상에 널리 알렸어.
1928년 서울에서 태어났대.

박병선은 1955년 민간 여성으로는 처음 프랑스 유학 비자를 받았지.
꿈에 그리던 프랑스야!

그녀는 1967년 파리 국립 도서관에서 근무할 때 《직지심경》을 발견했어.
세상에, 이곳에서 고려의 책을 발견하다니!
직지

그리고 1972년 세계에서 가장 오래된 금속 활자본이라는 걸 알렸지.
코리아… 어디에 있는 나라지?
책의 역사 종합 전시회
직지심경
korea

그 후 세계의 이목을 끌게 되고 한국에서도 활발히 연구되고 있어.
상권을 마저 찾아야지.
힘써보세.
직지문화축제

이처럼 세계에 자랑할 만한 문화유산이라는 점에서 그 가치가 높아.
코리아 최고예요!
우리 민족의 긍지를 느낄 수 있어.

《직지심경》은 2001년 9월 유네스코 세계 기록 유산으로 지정되기도 했지.
《승정원일기》도 함께 지정해요.

* 티무르 왕조의 영토

* 레지스탄 광장에 있는 티무르풍의 건물

1388년 | 이성계, 위화도 회군

* 인공위성에서 찍은 지중해

쓰시마 섬은 한국 남쪽과 일본 규슈 사이의 대한 해협 중간에 있는 일본의 섬이야.
대마도는 몰라도 독도는 우리 땅!
대마도가 쓰시마 섬이지.

쓰시마 섬은 한국과 일본을 잇는 역할을 했지만 한때 왜구의 소굴이 되기도 했지.
저기가 고려야.
엄청 가깝네.

왜구는 우리나라와 중국의 바닷가를 침략해 약탈을 일삼았던 일본의 해적이었어.
빨리 끝내고 집에 가서 밥 먹자!

13세기부터 고려 연안에 출몰한 왜구는 1350년 이후 노략질이 더욱 심해졌지.
히히
자꾸 하니까 재미있네.

우왕 때는 특히 심해서 재위 14년 동안 378회나 왜구의 침입을 받았어.
이제 왜 소리만 들어도 지겹구려!

고려는 일본에 사절을 보내 왜구의 침입을 막아달라고 요청했지.
염려 말고 돌아가시오.
한통속 아니야?

홍산 대첩과 황산 대첩, 진포 대첩 등에서는 침입한 왜구를 섬멸하기도 했어.
거기 서라!
왜

그래도 왜구가 뿌리 뽑히지 않자 1387년 정지는 쓰시마 섬을 정벌하자고 주장했지.
전하, 왜구의 소굴을 없애야 하옵니다!
끄응~

이듬해 왜구의 침입이 다시 잦아지자 고려는 마침내 쓰시마 섬 정벌에 나섰어.
쓰시마로 갈 사람 손들어!

1389년 경상도 도순문사 박위는 전함 100척을 이끌고 쓰시마 섬으로 쳐들어갔지.
기다려라, 박위가 간다!

고려군은 먼저 정박하고 있던 왜구의 전선 300척을 불태운 후, 육지로 올라갔어.
준비도 안 됐는데 쳐들어오다니!

왜구는 고려군과의 싸움을 피해 섬 안의 깊숙한 산속으로 도망쳤지.
어째 한 놈도 안 보여?

아비뇽에 있던 교황청이 로마로 다시 돌아오자 로마 시민은 요구했어.
교황은 로마 사람이나 이탈리아 사람이 되어야 한다!

그 요구에 못 이겨 바리의 대주교가 교황 우르바누스 6세로 선출되었지.
나폴리가 내 고향이거든.

하지만 프랑스인 추기경들과 우르바누스 6세는 사이가 매우 좋지 않았어.
아비뇽에 있을 때가 좋았는데….

결국 아나니로 철수한 프랑스인 추기경들은 교황 선출이 무효라고 주장했지.
강압에 의해 뽑힌 교황은 인정할 수 없다!

그리고 제네바의 로베르트를 새 교황 클레멘스 7세로 선출했어.
우리 편 파이팅!

두 명의 교황이 선출된 것은 로마 교회에 매우 좋지 않은 영향을 끼쳤지.
파악
교황도 싸우나?

보다 못한 파리 대학교는 둘 다 교황을 그만두든지 아니면 재판소나 공의회의 판결에 따르자고 제안했어.
로마 교황이 진짜인데 무슨 소리야?
아비뇽 교황을 뭐로 보는 거야?

마침내 두 신도단의 추기경들은 1409년 피사에서 공의회를 열어 제3의 교황인 알렉산데르 5세를 선출했어.
어떻게 해야 이 분열을 끝낼 수 있을까요?
새로운 교황을 선출합시다.
그럼 교황이 셋인데….

그 뒤 콘스탄츠 공의회는 로마 교황 그레고리우스 12세의 사임을 받아들였지.
교회의 분열이 끝난다면 그만두겠소.

아비뇽의 교황 베네딕토 13세는 사임을 거부했으나 결국 폐위되었어.
난 영원한 교황이야!
빨리 내려가세요.

그 결과 1417년 11월 마르티누스 5세가 선출되었고 마침내 분열이 끝났어.

14세기 후반 원나라의 세력이 약해지자 공민왕은 반원 운동을 일으켜 성공했어.
하하하
드디어 원나라의 간섭에서 벗어났소!

그 후 공민왕은 신돈, 신진 사대부와 함께 대대적으로 사회 개혁을 추진했지.
단단히 잘 붙이세요.
사회 개혁

먼저 권문세족이 부당하게 빼앗은 토지와 재산을 주인에게 돌려주었어.
땅을 되찾다니 꿈이야, 생시야?
난 다시 양민이 됐어!

하지만 권문세족의 반대에 부딪혀 신돈은 처형되고, 공민왕까지 죽임을 당했지.
전하, 이쪽이 저승길이옵니다.

그 뒤 몇몇 귀족이 많은 토지를 차지해 백성의 생활은 더욱 어려워졌어.
빼앗겼던 땅을 벌충해야 돼.

게다가 크고 작은 전쟁이 계속되어 고려는 큰 혼란에 빠졌지.
왜구 때문에 바닷길이 끊겨 나를 수가 없네.
후우~

그 후 최영과 우왕은 권문세족이 이인임 일당을 모조리 숙청했어.
끙

그때 신흥 세력인 이성계가 힘을 보태 신진 사대부가 세력을 얻었지.
장군만 믿겠습니다.

그 무렵 원나라의 세력이 약해지자 고려는 요동을 쳐서 원나라를 몰아냈어.
잃었던 땅을 되찾았군.
고려

그러나 뒤이어 들어선 명나라는 요동을 관리하겠다고 고려에 통보했지.
전하, 이번 기회에 요동을 정벌하겠사옵니다.
좋소, 정벌군을 출정시키시오.

하지만 요동 정벌을 반대했던 이성계는 위화도에서 군사를 돌려 정권을 잡았지.
관복이 잘 어울리십니다.

마침내 이성계는 정도전 등의 추대로 1392년 왕위에 올라 조선을 세웠어.
조심해서 내려가시오.
이성계
공양왕

14세기 말 유럽의 교회, 특히 수도원장은 많은 토지를 갖고 있었어.
보기만 해도 배불러.

그들은 땅을 빌린 농민에게 엄청난 세금을 매기고 강제 부역을 시켰지.
아이고, 나 죽어!
세금
부역

백 년 전쟁을 치른 왕실도 농민에게 인두세를 걷어 적자를 메우려고 했어.
머릿수대로 세금을 걷다니 말도 안 돼.

마침내 1381년 잉글랜드에서 대규모의 농민 반란인 와트 타일러의 난이 일어났지.
영주들은 우리 세금으로 잘 먹고 잘살고 있소.

불만이 쌓일 대로 쌓인 농민은 와트 타일러 밑으로 모여들었어.
힘을 합해 싸우자!

부패한 사회를 비판하던 진보적인 성직자도 반란에 뛰어들었지.
주여, 힘을 주소서!

대표적 인물인 존 볼의 설교는 농민에게 용기와 확신을 심어주었어.
누구도 타인의 노동으로 생활해선 안 되오.
속이 시원하네.

농민군은 10만 명을 넘어섰고 영국 땅의 3분의 2가 반란군에게 넘어갔지.
온통 농민군 세상이야.

농민군은 런던을 점령했지만 질서를 지켰으며 전혀 약탈하지 않았어.
국왕에게 우리의 고통을 알리자!

잉글랜드 국왕 리처드 2세는 급히 회의를 소집해 농민군의 요구를 받아들였고, 농민 해방 헌장을 발표했지.
그들의 요구가 무엇인가?
영주로부터 자신과 자신의 토지를 해방해달라고 합니다.

농민군은 승리의 노래를 부르며 고향으로 향했는데, 귀족은 왕을 부추겨 와트 타일러와 지도자들을 붙잡아 처형했어.
잠시 나랑 함께 가세.

이성계는 새 왕조의 권위를 높이고 지지를 얻기 위해 도읍지를 옮기기로 결심했어.
개경의 기운을 벗어던져야 돼.

도읍지를 옮기는 데는 군주인 태조 이성계의 의지가 결정적이었지.
끄응~
반드시 옮길 거야.
도읍지

태조는 새 왕조가 하늘의 명으로 세워졌음을 널리 알리고 싶었어.
주인의 성씨만 바뀌었어.
구관이 명관 같은데.

그 밖에 풍수지리설, 민심을 새롭게 한다는 이유로 개경을 벗어나려 했지.
전하, 민심이 고려에 머물고 있사옵니다.
도읍을 옮기는 수밖에 없소.

태조는 원래 계룡산 주변을 도읍지로 삼으려고 했어.

* 계룡산

먼저 태조는 도읍지를 어디로 정하는 것이 좋을지 중신에게 물었지.
좋은 의견이 있으면 말하시오.

무학 대사와 정두전은 한양을 적극 추천했어.
대사, 둘이서 힘을 합해 한양으로 밉시다.

한양을 도읍지로 추천한 까닭은 한반도의 중앙에 자리 잡고 있기 때문이었지.
무엇보다 한양은 나라 가운데 있질 않소?

또 산으로 둘러싸여 외적을 막기 쉽고 강과 바다가 있어 교통이 편리했어.
한양은 사방으로 강과 바다가 연결되어 있사옵니다.

한양의 형세를 보니 충분히 왕도가 될 만한 곳이오.

태조는 1394년 신도궁궐조성도감을 설치해 새 도읍의 도시 계획을 구상했어.

마침내 1394년 10월에 한양으로 천도했지.
이왕이면 새 도읍에 가서 삽시다.
한양

티무르는 오스만의 도시 시바스를 함락하고, 바예지드를 붙잡았지.

* 티무르에게 붙잡힌 바예지드 1세

신문고는 억울한 백성이 왕에게 직접 호소하도록 대궐에 설치한 북이야.
둥둥둥

조선은 민본과 덕치를 바탕으로 하는 왕도 정치를 통치 이념으로 내세운 나라였지.
똑바로 잘 올리시오.
왕도정치
민본
덕치

그래서 태종은 백성의 삶과 왕이 중심이 된 정치를 구현하려고 했어.
잘해보세.
바른 정치

신문고는 태종의 이런 생각에 따라 1401년 8월에 설치되었지.
송나라의 등문고인데 잘 보고 만들게.

처음에는 대궐 밖 문루에 설치하고 순금사가 관리하다가 의금부 당직청으로 옮겼어.
일이 하나 더 늘었군.
후유

이는 백성이 억울함을 직접 호소할 수 있게 한 혁신적인 조치였지.
임금님의 깊은 뜻을 모르니 출세가 늦지.

그러나 신문고는 한양에만 있었기에 억울함을 알리려면 먼 한양까지 올라와야 했고 절차가 복잡했어.
아이고, 복잡해. 그냥 내려갈래.
신문고 안내
상소 → 관청 → 사헌부 → 신문고

신문고는 관리에게 당한 백성의 고통을 알리는 도구였지만 사소한 일에노 신문고를 사용하는 경우가 생겼지.
무슨 일인가?
집 나간 아내를 찾아주세요.
그까짓 일로 신문고를 쳤단 말인가?

따라서 그 후 신문고를 함부로 울리지 못하게 엄격히 제한했어.
아주 원통한 일이 있을 때 다시 오게.

하지만 신문고를 쳤더라도 왕에게 보고되지 않아 결국 백성에게는 소용이 없었지.
쳐봐야 팔만 아파.
차라리 엿이나 바꿔 먹지.

결국 신문고는 왕의 권위와 신성함만을 강화한 결과가 되었어.
쳐다봐야 그림의 떡인데 그만 돌아가게.

잔 다르크는 백 년 전쟁 때 조국 프랑스를 위기에서 구한 나라의 영웅이야.

* 잔 다르크

잔 다르크는 1412년 프랑스의 동레미에서 신앙심이 깊은 부농의 딸로 태어났지.
예쁘게 잘 자라라.

그녀는 1424년 대천사 미카엘, 성 카타리나, 성 마르가리타에게 계시를 받았대.
잉글랜드군을 몰아내고 샤를을 왕위에 올려라!

잔 다르크는 보드리쿠르 백작에게 샤를이 있는 시농 성으로 가게 해달라고 했지.
샤를 대공을 꼭 만나야 합니다.
허허, 말도 안 되는 소리!

그 뒤 잔 다르크는 백작의 부하인 두 사람의 도움으로 백작과 두 번째로 만났어.
프랑스군은 반드시 오를레앙에서 이길 수 있습니다!
음, 대단한 아이야.

마침내 허락을 받은 잔 다르크는 시농 성에서 샤를 대공을 알현했지.
어린 네가 뭘 하겠다는 게냐?
신의 계시를 받은 소녀를 믿어주세요.

잔 다르크는 성직자에게 심사를 받은 뒤 오를레앙으로 가라는 허가를 받았어.
도덕성에는 아무 문제가 없군.

1429년 4월 29일 잔 다르크는 잉글랜드군에게 포위된 오를레앙 요새에 도착했지.
위험하니 돌아다니지 말고 얌전히 있어라.

잔 다르크는 주민을 설득해 지지를 얻은 후 깃발을 들고 전쟁터에 뛰어들었어.

잔 다르크가 이끄는 프랑스 군대는 오를레앙에서 대승을 거두었지.
하느님이 보낸 성녀야!

그 뒤 잔 다르크는 1430년 5월 23일 콩피에뉴에서 요새를 방어하다 포로로 잡혔어.
마녀를 잡았다!

1431년 5월 30일 잔 다르크는 군중 앞에서 화형에 처해졌지.
프랑스 만세!

호패는 조선 시대에 16세 이상의 남자가 차고 다니던 신분증이었어.
누난 이런 것 없지?

조선은 장정의 수와 거처를 정확히 파악해서 부역을 제대로 부과하고자 했지.
이 집에 힘깨나 쓰는 남정네가 몇인가?

고려 때는 호패 제도가 잘 시행되지 않았으나 조선 때 전국으로 확대되었어.

* 조선 시대의 호패

목적은 인구를 파악하고 직업과 계급을 분명히 하여 신분을 증명하기 위해서였고,
아니, 왜 나무를 주는 거예요?
좋은 거니까 차고 다녀.

무엇보다 백성의 유동, 호적의 누락과 허위를 막기 위함이었어.
넌 이제 꼼짝 못해!

하지만 호패 사용은 여러 번 중단되었는데, 백성이 이를 피하려 했기 때문이야.
넌 호패 받았니?
받으면 군대에 끌려갈 텐데 왜 받아.

특히 백성은 국역을 피하려고 양반의 노비가 되거나 호패를 위조하기도 했어.
스물여덟 살이라… 가짜 호패 아니야?
제가 동안이거든요.
헤헤

그러자 호패 위조자는 극형, 호패를 차지 않는 자는 엄벌에 처하는 법을 마련했지.
하마터면 들킬 뻔했네.
아무래도 수상해.

숙종 때는 종이로 지패를 만들어 지니기 쉽게 하고 위조를 막았어.
야, 이거 가벼워서 좋네!
그래, 참 좋겠다.

그러나 이와 같은 정책에도 불구하고 실제로는 별로 효과를 얻지 못했지.
형, 나도 호패 받았어요.
바보, 그게 좋은 건 줄 아니?

《세종실록》에는 호패를 받은 사람은 전체 인구의 1~2할뿐이라고 나와 있어.
심심해죽겠네.
호패청
아웅~

호패는 양반과 서민, 천민 할 것 없이 16세 이상의 모든 남자가 사용했지.
도련님의 호패는 제 것과 다르네요.
어허, 넌 상놈 아닌가?

구텐베르크는 활판 인쇄술을 활용해 《구텐베르크 성서》를 대중화했어.
우리도 성서를 읽을 수 있다니 세상 좋아졌네.

당시 책들은 필사본이라 수량이 적어서 가격이 매우 비싸고 구하기가 힘들었지.
싸게 줄 때 사시오.
그래도 너무 비싸요.

대량으로 만든 책에는 그리스와 로마의 고전도 있는데 르네상스의 밑거름이 되었어.
르네상스
로마 고전
그리스 고전

그 밖에 활판 인쇄술은 신문이 나오는 데 큰 역할을 했지.
신문이오, 신문!

마르틴 루터는 95개조 반박문을 써서 비텐베르크 성 교회의 문에 붙였어.
신앙 양심상 도저히 침묵할 수 없어.

반박문은 인쇄되어 2주 만에 독일 전역에, 두 달 만에 유럽 전역에 퍼졌지.
로마 가톨릭교회가 면죄부를 팔았대.

결과적으로 구텐베르크의 인쇄술은 종교 개혁이 일어나는 데 불씨를 지폈어.
교회가 썩을 대로 썩었어.
교회도 변해야 돼.

《구텐베르크 성서》는 라틴어 불가타 성경으로 '구텐베르크 혁명', '인쇄된 책의 시대'의 상징이 되었지.
모든 게 구텐베르크 덕분이야.

구텐베르크의 업적은 활자 설계와 활자 대량 생산 기술 발명이야.
금세공사가 큰 업적을 남겼어.

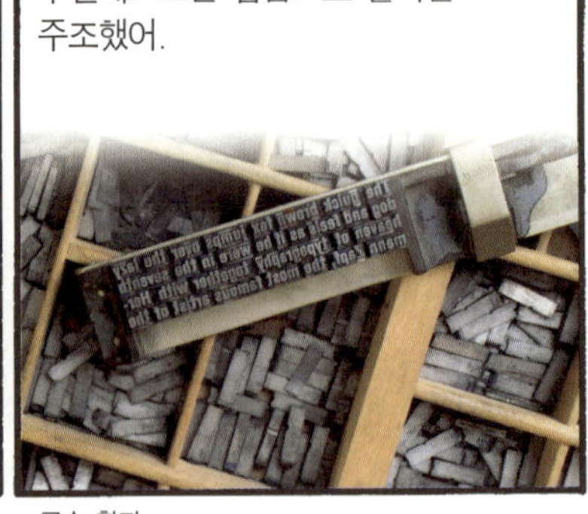

구텐베르크는 합금으로 활자를 주조했어.

* 금속 활자

구텐베르크의 활판 인쇄술은 별로 변하지 않고 20세기까지 쓰였지.
목판 활자보다 튼튼해서 좋아.

집현전은 고려 말과 조선 초 학문 연구 및 왕의 자문 기관이었어.

세종은 즉위한 뒤 유명무실했던 학문 연구 기관 중 집현전 하나만 남겼지.
전하, 집현전을 일으켜 학문을 연구하게 하소서.
좋은 생각이오.

1420년 3월 궁중에 집현전을 두고 영전사, 대제학, 제학을 두었어.

* 집현전이 있던 경복궁

밑으로는 열 명의 전임학사를 임명했고, 1436년에는 스무 명으로 늘렸지.
우린 언제 대제학이 되나?
열심히 학문을 닦다 보면 그런 날이 오겠지.

세종은 서리와 노비 등도 집현전에 배속해 운영에 지장이 없도록 했어.
학사님들, 안녕하세요?
그래, 수고가 많네.

세종의 보살핌을 받은 결과 우수한 학자가 집현전에서 많이 나왔지.
전하의 보살핌으로 산사에서 학문을 연구하기로 했네.
참으로 성군이셔.

한편 집현전 학사는 실제 정치를 통하여 그들의 이상을 실현하려 했어.
좋은 정치를 해서 성은에 보답하세.

집현전의 가장 큰 업적은 한글 창제였지만 서석노 많이 편찬, 간행했지.
전하, 이번에 집현전에서 새로 펴낸 책이옵니다.

집현전 학사는 집현전에 소장된 각종 서적을 자유롭게 이용했지.
이곳에만 들어오면 마음이 편해져.

왕이나 왕세자가 밤낮을 가리지 않고 집현전을 방문해 격려하기도 했어.
필요한 게 있으면 말하게.
성은이 망극하옵니다!

집현전은 유교 문화와 문물의 기반인 인재 양성과 문풍의 진작에 공헌했지.
전하의 학문 사랑은 끝이 없군.
덕분에 학문의 황금시대가 왔어.

동로마 제국은 중세 유럽에서 가장 막강한 전제 군주제 국가였어.
로마 제국의 옛 땅을 거의 되찾았구려.
모두 폐하의 공이옵니다.

또한 동로마 제국은 수 세기 동안 유럽에서 가장 부유한 나라였지.
잘살아보세~
잘살아보세~.

게다가 동로마 제국은 유럽과 기독교 문명 세계를 보호하는 방파제였어.
폐하만 믿습니다.
페르시아

비잔티움은 그리스어로 '로마인의 제국', 라틴어로 '로마인의 땅'이야.
고향에 온 기분인걸.
비잔티움

제국의 황제는 자신을 로마의 통치자, 즉 옛 로마 황제의 후계자로 여겼지.
이걸 누구를 주나?
당연히 절 줘야지요.

동로마 제국에는 그리스인이 가장 많았으나, 스스로를 로마인이라고 불렀어.
우리 집안은 대대로 로마 사람이었지.
오, 우리와 혈통이 같군.

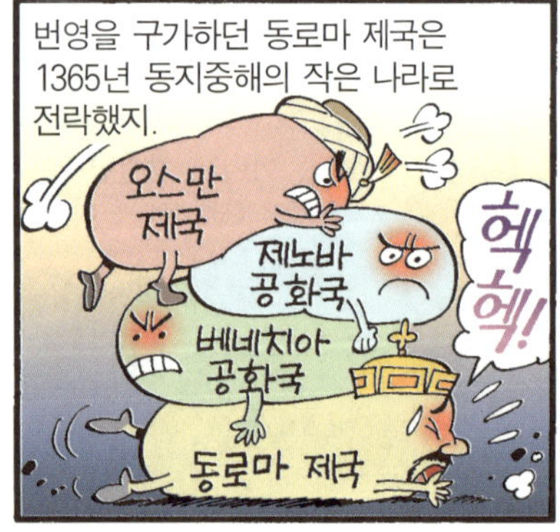
번영을 구가하던 동로마 제국은 1365년 동지중해의 작은 나라로 전락했지.
오스만 제국
제노바 공화국
베네치아 공화국
동로마 제국
헥헥!

그 후 동로마 제국은 오스만 제국에게 조공을 바쳐야만 했어.
잘 부탁합니다.
오스만 제국
동로마 제국

오스만 제국은 발칸 반도에서 대항할 세력이 없을 만큼 막강해져갔지.
또 덤빌 사람?
발 칸 반 도

한편 동로마 제국은 로마 교황청을 통해 서유럽에서 군사 원조를 얻으려고 했지만 실패했어.
분열된 동방 정교회와 로마 가톨릭을 합쳐줄 테니 도와주세요.
음, 잠시 시간을 주시오.

1453년 콘스탄티노플이 오스만 제국에게 함락되어 동로마 제국은 멸망하게 되었지.
후유!
열 배나 많은 군사를 어떻게 물리쳐.
콘스탄티노플

세종은 1429년 정초 등에게 농서인 《농사직설》을 편찬하게 했어.
농서를 펴내라는 어명이 있었네.

세종은 농부의 경험을 토대로 조선의 실정에 맞는 농법을 저술하게 했지.
중국의 농서를 보면 될 텐데요.
조선과는 토질이 다르지 않은가?

고려 이전까지는 중국 화베이 지방의 휴한 농법 농서를 이용했어.
당분간 이 논은 농사를 못 짓겠네.
땅도 좀 쉬어야지.

그러나 수전 농업이 널리 퍼짐으로써 중국 농서 이용에 한계가 생겼지.
해마다 농사를 지으면 수확이 많을 텐데.
그런 방법이 없을까?

따라서 우리 현실에 맞는 농서가 필요했고 무엇보다 시급한 문제였어.
역시 우리 실정과 맞지 않는 부분이 많아.

세종 때는 그러한 필요성을 더욱 크게 느껴《농사직설》을 편찬하기에 이르렀지.
하루빨리 우리 농서를 펴내 백성에게 도움을 주시오.

《농사직설》은 봄과 여름에는 농지를 얕게 갈고, 가을에 깊게 갈 것을 장려했어.
가을에 논을 갈아 겨울을 넘기는 게 좋네.

벼의 파종법은 직파법, 건답법, 묘종법과 산도법이 있있지.
볍씨를 뿌리는 방법도 여러 가지래.
그래도 난 씨를 직접 뿌리는 게 제일 좋아요.

밭작물의 파종법은 줄뿌리기, 흩뿌리기, 다른 종류의 씨를 섞어 뿌리기 등이었어.
이젠 밭에만 씨 뿌리면 돼.
밭에는 여러 씨를 섞어서 뿌려볼까요?

경작 방식은 2년 3작, 단작, 혼작, 휴한, 간작 등이었지.
농사일은 끝이 없어요.
그래도 예전보다 수확량이 많아졌잖아.

거름은 인분, 재거름, 소와 말의 배설물, 외양간 거름, 오줌재 등 다양하게 썼어.
어휴, 거름 냄새!
허허, 아빠 냄새가 구수한데.

《농사직설》은 우리 실정에 맞는 농법을 편 자주적 농서라고 할 수 있지.
현재 있는 농서 중 가장 오래됐어.
農事直說

백 년 전쟁이 끝나자 프랑스에게 진 잉글랜드는 엄청난 충격에 빠졌어.
상대도 안 되는 것들이 까불어.
오, 쟤네한테 지다니!
프랑스
잉글랜드

게다가 참전한 군인은 일자리를 얻지 못하고 산적, 해적이 되었지.
가진 것 다 내놔!

또한 반란이 일어나 잉글랜드 왕은 프랑스 왕처럼 권력을 펴지 못했어.
폐하, 반란이 또 일어났습니다!
귀찮으니까 그냥 두게.

그 바람에 왕은 지지도와 존경심을 잃었고 귀족의 권력이 더 커졌지.
가, 감히 지, 짐을 내려다봐?

한편 국왕인 헨리 6세가 정신 이상을 보이자 요크 가문의 리처드가 섭정에 나섰어.
경의 자리가 아니니 내려오세요!
두고 보자!

그 뒤 장미 전쟁이 일어나 에드워드가 랭커스터 왕가를 누르고 왕위에 올랐지.
아버진 섭정이었지만 난 왕이야!

그 후 에드워드가 죽자 의회는 왕자가 서자라며 리처드 3세를 왕위에 올렸어.
리처드 3세 만세!
새 국왕 폐하 만세!

그러나 헨리 튜더가 리처드 3세를 무찌르고 헨리 7세로 즉위했지.
내가 랭커스터 가문의 유일한 왕위 계승자야!
내가 도와줬잖아?

이로써 장미 전쟁은 끝나고 튜더 왕조 시대가 열리게 되었어.
원수였던 랭커스터 가문과 요크 가문이 결혼했네.

장미 전쟁 때 귀족도 요크와 랭커스터 가문 편으로 나뉘어 싸웠는데 이 싸움으로 귀족의 힘이 약해져 왕권이 강화됐어.
무찌르자, 랭커스터!
요크는 지옥에 떨어져라!
요크
랭커스터

가문의 문장이 요크는 하얀 장미, 랭커스터는 붉은 장미라서 두 가문이 일으킨 싸움을 장미 전쟁이라고 불렀지.
비켜! 우리 가문은 정통성 있는 왕가야!
하얀 장미를 뭐로 보고 그런 소리를 해?

조선 초에는 각 지방의 강우량을 측정해 보고했지만 흙에 스며드는 정도가 달랐어.
강우량을 정확하게 측정할 수 없을까?

그래서 1441년 서운관은 빗물 측량 그릇을 만들어 한양과 각 도에 설치했지.
비가 스며들지도 않고 좋네.

지방에서는 각 관가의 뜰에 설치하여 수령이 측량하고 기록하게 했어.
참 귀찮군.
사또, 농사에 도움이 되는 일이라는뎁쇼.

처음에는 쇠, 나중에는 구리와 자기 또는 도기로 만들기도 했는데 이탈리아의 카스텔리보다 약 200년 앞섰지.
그럼, 세계 최초네.
비의 양을 재기 위해 청계천에 수표교도 세웠어.

1442년 5월 처음으로 《세종실록》에 측우기라는 단어가 나오는데 이때 측우기가 규격화되고 제도화된 것으로 보여져.
世宗實錄
1442년 5월 측우기를 이용해 전국적으로 강우량을 측정하도록 했다.
세종 때 만든 측우기는 임진왜란 때 모두 없어졌어.

쇠로 만든 측우기는 길이 1척 5촌(약 32센티미터), 지름 7촌(약 15센티미터)이야.
현재 남아 있는 유일한 측우기야.

비가 그친 후 푼(分)까지 재고, 비가 내리기 시작한 시간과 그친 시간을 기록했지.
잘하고 있지?

조선에서는 측우기로 수백 년 동안 전국의 강우량을 측정했어.
초기의 기록은 거의 없구먼.
1770년 이후부터의 서울 관측 기록은 남아 있군.

오늘날까지 합하면 220년 이상의 기록으로 세계에서 가장 오래 기록된 기상 자료야.
옛날 우리의 선배가 큰일을 했군.
그러게 말일세.

측우기를 원통으로 만든 이유는 원형 용기가 더 많이 담을 수 있으며
측우기를 네모나게 만들어볼까?
그럼 한결 만들기 쉽지.

모서리가 각이 지면 물이 튀어서 정확한 양을 용기에 담을 수 없기 때문이지.
빗물이 옆으로 튀어서 안 되겠어.

* 에스파냐의 민속춤 플라멩코

이사벨과 페르난도는 지역 귀족과 힘을 합해 왕족의 권위를 세웠어.

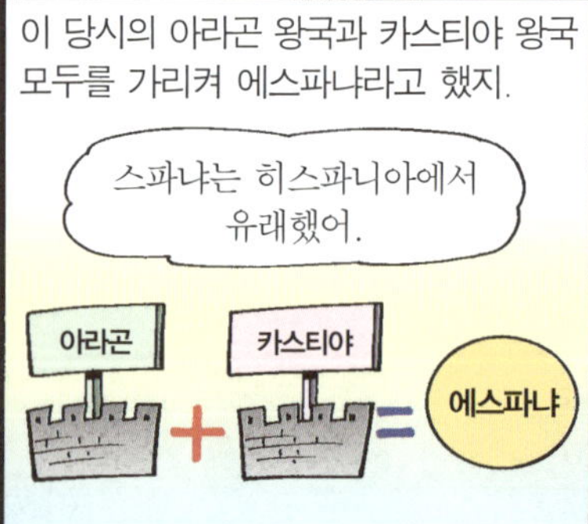

한자는 우리 조상이 접한 최초의 문자로, 고대 동아시아의 유일한 문자였어.
하늘 천~ 땅 지~ 검을 현~ 누를 황~!

한자가 주변 민족 사이에 퍼지면서 맨 처음 뿌리를 내린 것이 우리나라였지.
쑥쑥 자라나라!
한 자

하지만 지배층만 한자를 사용했고, 서민은 배울 생각도 못 했어.
도대체 뭐가 뭔지 알 수가 없네.
보기만 해도 머리 아파.

그러던 차 1443년 세종은 한자를 모르는 백성을 위해 훈민정음을 창제했지.
백성이 글을 쉽게 읽고 쓰게 할 수 없을까?

지배층은 한자를 사용함으로써 자신만의 문화를 만들고 권력을 세습했어.
도련님, 서당에 가세요?
그건 왜 물어?

그래서 지배층은 세종이 '훈민정음'을 반포한다고 했을 때 거세게 반대했지.
상놈이 글을 읽게 한다는군.
어떻게 해서든 막아야지!

글자를 만들고 배포한 집현전 학자 중에서도 반대가 있었어.
훈민정음 사용을 금하게 하시오!
반대
집현전

하지만 세종은 거센 반대를 뿌리치고 1446년 훈민정음을 반포했지.
길을 비켜라!
반대

'훈민정음'을 그대로 풀이하면, '백성을 가르치는 바른 소리'라는 뜻이야.
열심히 익혀서 도련님의 코를 납작하게 만들 거야.
열공

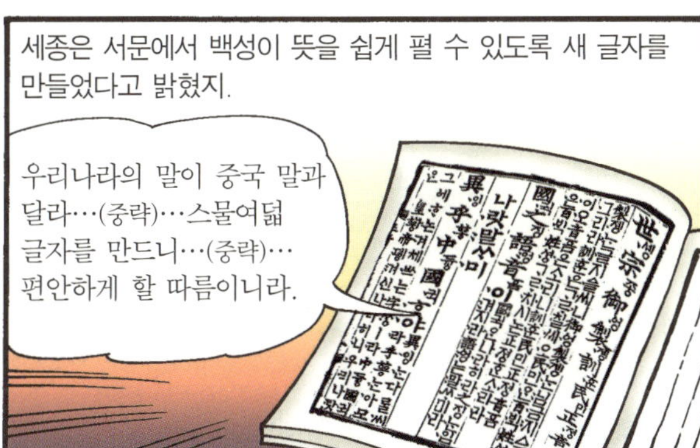
세종은 서문에서 백성이 뜻을 쉽게 펼 수 있도록 새 글자를 만들었다고 밝혔지.
우리나라의 말이 중국 말과 달라…(중략)…스물여덟 글자를 만드니…(중략)…편안하게 할 따름이니라.

오늘날 세계 기록 문화유산으로 등재된 한글은 세계가 인정하는 우리의 문자이자 세계의 문화야.
따라 읽어봐요. 가, 갸, 거, 겨….
가 갸 겨 고

튜더 왕가는 잉글랜드 왕국과 아일랜드 왕국을 다스렸던 집안을 말해.
바쁘다, 바빠!
잉글랜드
아일랜드

튜더 왕가의 통치 덕분에 잉글랜드는 훗날 세계를 주름잡는 대영 제국이 될 수 있었지.
약소국이었을 때가 엊그제 같은데.
대영제국

문화가 꽃을 피운 엘리자베스 1세 때는 '엘리자베스 왕조'라고 부르기도 했어.

* 여왕 엘리자베스 1세

하급 귀족인 오언 튜더와 헨리 5세의 과부였던 캐서린(발루아의 카트린)이 결혼했는데,
웨일스공의 후예

두 사람 사이에 태어난 아이들은 발루아 왕가의 혈통을 이어받게 되었지.
어머, 예뻐요!
넌 이제 지위가 높아졌어.

그 후 헨리 튜더는 외가의 혈통에 따라 랭커스터 왕가의 왕위 계승자로 인정받았어.
왕자님, 안녕하세요?

1485년 헨리 튜더가 헨리 7세로 즉위함으로써, 튜더 왕조가 시작되었지.
폐하, 경하드리옵니다.
잘 부탁하오.

이때 튜더 왕가가 100년 넘게 지배할 것이라고 내다본 사람은 거의 없었어.
얼마나 갈까?
흥!

군주가 자주 바뀌고, 왕위를 차지하려는 싸움이 수시로 일어났기 때문이었지.
그만 일어나!
안 돼, 더 있을 거야!

헨리 7세는 백 년 전쟁과 장미 전쟁 때문에 허약해진 나라를 일으키기 위해 귀족을 억압하고 절대 왕정을 추진했어.
내가 당신보다 힘이 세다는 걸 잊지 마시오!

그 뒤 튜더 왕가는 한동안 전성기를 누렸으나 엘리자베스 1세가 후사 없이 죽자 혈통이 끊어졌지.
폐하, 저분 잘생기지 않았습니까?
어허, 과인은 국가와 결혼하였노라.

병약한 문종은 영의정 황보인, 좌의정 남지, 우의정 김종서에게 자기가 죽은 뒤 어린 세자의 뒤를 부탁했어.
세자가 왕위에 오르면 경들이 잘 돌봐주시오.
콜록콜록!

단종이 11세의 어린 나이로 즉위하자 조선은 왕족의 대표인 수양 일파와 문종의 고명을 받드는 고명대신파로 나뉘었지.
전하가 너무 어려.
형님, 뭘 그렇게 생각하세요?
음

고명대신들은 안평과 손을 잡고 막강한 수양을 견제하고자 했어.
나는 수양 대군의 야망이 보여요.
대감, 안평 대군과 힘을 합하시지요.

그러자 수양은 고명대신들을 무력으로 없앨 계획을 세우게 되었지.
안평 대군이 대신들과 손을 잡았답니다.
내 이것들을 그냥…!

먼저 수양은 견제 세력의 눈을 피하려고 명나라의 사은사로 가기로 했어.
대군마마, 저들의 눈을 돌림 겸 명나라에 다녀오시지요.
좋은 생각이오.

명나라를 다녀온 수양은 마침내 1453년 10월 10일 밤 계유정난을 일으켰어.
여기가 김종서 집이야.
어서 처리하세.

수양 대군 일파는 김종서를 죽인 뒤 왕명을 빙자해 모든 신하를 불렀어.
밤중에 입궐이라니 무슨 일이오?
글쎄요.

그들은 그 자리에서 '생살부'에 따라 정적을 모두 숙이고 정권을 잡았어.
안평 대군과 모반을 꾀한 역적들이니 죽여라.

수양은 친동생 안평을 강화도로 유배 보냈다가, 다시 교동으로 보내 죽였지.
형님의 무서운 야망이 날 죽게 만들었어.
안평대군묘

병권과 정권을 차지한 수양은 거사에 가담한 43명과 자신을 정난공신에 책봉했어.
대감들의 공이 크오.

1455년 수양은 단종에게서 왕위를 강압적으로 빼앗았으니 그가 세조야.
수양 대군이 조카를 왕위에서 끌어내렸다며?
죽고 싶은가?

엔히크 왕자가 죽은 후로 중단된 포르투갈의 탐험은 1469년에 다시 시작되었어.
그동안 모험을 못 해서 근질근질했어.
먼저 준비 운동을 하세.
하나
둘-

포르투갈은 1471년 현재의 가나, 즉 황금 해안을 황금 거래와 탐험 기지로 삼았지.
황금 해안

이후 아프리카 서해안을 남하해 1484년 자이르(콩고) 하구를 발견하고 상륙했어.
흠흠!!
이 새로운 향기!

1487년 포르투갈을 떠난 디아스는 오렌지 강 하구에 도착해 첫 번째 석주를 세웠지.
이제부터 이곳은 포르투갈 땅이야.

그 후 남하한 곳에서 세찬 폭풍우가 몰아쳐 약 2주일 동안 육지를 볼 수 없었어.
빨리 잠잠해져야 될 텐데.

폭풍우가 가라앉자 과감히 북진을 한 디아스는 마침내 육지를 발견했지.
계속 북쪽으로 나아가라!
동쪽으로 가는 게 정상인데.

그들은 아프리카 대륙 남단에 도착한 느낌이 들어 해안선을 따라 동진했는데 해안선이 북쪽을 향해 구부러지기 시작한다는 것을 확인했어.
해안선이 구부러지고 있어요.
정말이네.
음, 뭔가 나올 것 같군.

디아스는 계속 동진하자고 했지만 겁이 난 선원들이 따르지 않았지.
좋아, 두 번째 돌기둥이나 세우고 돌아가자.

도중에 만난 큰 곶에 '폭풍의 곶'이라 이름 붙이고 제3의 석주를 세웠는데 1488년의 일이었어.
아까 올 때는 이곳이 보이지 않았는데.
폭풍 때문에 못 봤겠지.
이 곳을 폭풍의 곶이라고 부르세.

그 후 1498년 바스쿠 다가마가 이 곳을 지나 인도로 가는 항로를 개척했다고 하여 '희망봉'으로 이름이 바뀌었지.
폭풍의 곶은 이름만 들어도 무섭습니다.
선원들은 그곳을 꺼려합니다.
희망을 북돋운 곳이니 희망봉으로 바꾸시오.

대부분의 사람은 신숙주를 '뛰어난 집현전 학자'와 '사육신의 배신자'로 떠올려.
어제 무친 나물이 상했어요.
신숙주처럼 쉽게 변하는 숙주나물이잖아.

신숙주는 문장력이 탁월했으며 중국어, 일본어, 여진어도 아주 잘했지.
셰셰!
오하요.

그런 실력이 있었기에 신숙주는 훈민정음을 창제하는 데 공을 세웠어.
있는 실력을 모두 발휘해야 해.
훈민정음

신숙주는 훗날 세조가 된 수양 대군이 명나라 사은사로 갈 때 서장관으로 동행하면서 수양 대군과 급격히 가까워졌지.
대감, 이리 바짝 붙으시오.

이후 계유정난에 참여한 공으로 일등 공신이 되고 곧 도승지에 올랐어.
물렀거라, 도승지 납신다!
사람은 줄을 잘 서야 돼.

신숙주는 1457년 좌찬성을 거쳐 우의정, 1459년에는 좌의정에 올랐지.
좌의정
우의정
좌찬성

이 무렵 여진족의 침입이 잦아지자 신숙주는 1460년과 1461년에 여진을 정벌했어.
대감, 무예도 익히셨습니까?
기본 아닌가?

죽음을 앞둔 세조가 '당 태종에게는 위징, 나에게는 숙주'라머 신숙주를 신임했지.
대감만 믿고 떠나겠소.
전하, 어찌 그런 말을….

이후 《세조실록》, 《예종실록》의 편찬에 참여했고 《동국통감》의 편찬을 총관했어.
뻘뻘!

학자였던 신숙주는 세조를 만난 후 정치가 혹은 재상으로서의 삶을 살았지.
어찌 보면 난 불행한 학자야.

대부분의 외교 문서는 신숙주의 손을 거친 것으로 알려져 있어.
대감, 이것들도 부탁합니다.

이탈리아 제노바에서 태어난 콜럼버스는 부둣가에서 어린 시절을 보냈어.

그 무렵 콜럼버스는 선원이 돼서 직접 탐험을 해보겠다고 결심했지.
뱃사람이 돼서 꼭 신대륙을 탐험할 거야.

콜럼버스는 가난해서 학교에 다니지 못했지만 독학으로 많은 것을 배웠어.
열심히 공부하네.

궁금한 건 선원이나 지도를 만드는 사람한테 물어서 배웠지.
배가 항해할 때는 말이야…

성장한 콜럼버스는 항해 지식이 많은 사람이 사는 포르투갈로 이사를 갔어.
포르투갈

콜럼버스는 포르투갈을 떠나 서쪽으로 항해하면 인도에 닿을 수 있다고 여겼지.
지구가 둥글기 때문에 서쪽으로 가면 인도가 나올 거야.

만약 콜럼버스의 생각이 맞다면 훨씬 좋은 항로가 있는 게 틀림없었어.
이 뱃길만 찾으면 아프리카로 빙 돌아가지 않아도 돼.

콜럼버스는 하루빨리 항해에 나서고 싶었지만 배를 사고 선원을 구할 돈이 없었지.
그나저나 배를 살 돈을 어디서 구하지?

콜럼버스는 여러 나라의 통치자를 찾아다니며 도움을 받으려 했으나 허사였어.
딴 데 가서 알아봐!
쾅-

다행히 에스파냐의 페르난도 왕과 이사벨 왕비가 콜럼버스에게 배 세 척을 내줬지.
폐하, 이 은혜는 잊지 않겠습니다.

1492년 8월 항해에 나선 콜럼버스는 10월 12일 작은 섬에 다다랐어.
구세주의 섬이란 뜻이야.
오! 산살바도르!

이후 콜럼버스는 지금의 쿠바와 아이티에 도달했는데 죽기 전까지 인도라고 믿었지.
여긴 미국이고, 난 미국 사람이거든.
콜럼버스 무덤

조선은 개국하면서 법전을 편찬해 1397년 《경제육전》을 제정, 시행했어.

이후 《경제육전》을 수정, 《경제속육전》이 만들어지고, 세종 때도 계속 보완했지.
법전이 아직 모자란 곳이 많으니 손을 좀 보시오.

국가 체제가 계속 정비됨에 따라 조직적이고 통일된 법전을 만들 필요가 더 커졌어.
나에게 어울릴 법전이 필요해.

세조는 즉위하자마자 법전을 만들기 위해 육전상정소를 설치했지.

그리고 신하에게 명하여 편찬 작업을 시작하게 했어.
후대에 길이 전할 법전을 만들어야 하오.

그 후 1476년 성종 때 완성된 법전이 《경국대전》이야.
오, 이게 얼마 만인가?

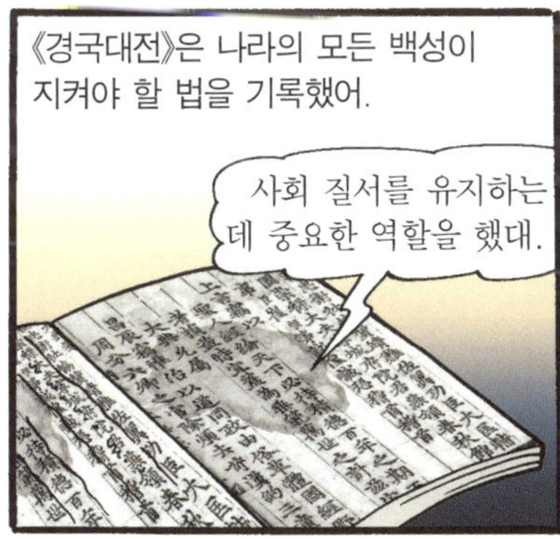
《경국대전》은 나라의 모든 백성이 지켜야 할 법을 기록했어.
사회 질서를 유지하는 데 중요한 역할을 했대.

《경국대전》을 만든 것은 모든 관리가 지켜야 할 법이 필요했기 때문이었지.
우리가 법을 잘 지켜야 나라가 바로 서요.

또한 우리에게 맞는 법으로 백성을 올바르게 다스리기 위해서였어.
백성을 올바르게 다스리는 데에도 필요해요.

《경국대전》은 정치, 경제, 문화, 사회의 모든 내용을 종합적으로 담은 법이었지.
모든 법이 망라되어 있군요.
하지만 고려의 법은 죄인을 다스리는 내용이 중심이었지요.

《경국대전》은 조선 시대 내내 최고 법전으로서의 자리를 지켰어.
와-
와-
금

세계사

포르투갈의 항해가 바스쿠 다가마는 1497년 7월 8일에 리스본 항을 떠났어.
산가브리엘 호
산라피엘 호
팔리오 호

하지만 카나리아 제도 부근에서 짙은 안개에 휩싸여 배가 뿔뿔이 흩어졌지.
선장님, 다른 배들이 안 보입니다.

약 2주일을 헤맨 뒤 만난 배들은 섬에서 식량과 물을 보급받고 8월 3일 출발했어.
자넬 다시 못 보는 줄 알았네.

그리고 반원형의 항로를 더듬어 브라질에서 약 1,000킬로미터인 곳까지 갔지.
대서양을 서쪽으로 크게 돌아가세요.

선원들은 괴혈병에 시달려가며 11월 4일 간신히 세인트헬레나 만에 도착했어.
어? 자네 잇몸에서 피가 나.
자네도 나는데.

11월 22일에는 희망봉을 돌아 더반, 켈리마네, 모잠비크, 몸바사에 잠시 들렀지.
저기 들러서 찢어진 돛을 수리하고 떠나세.

1주일 후에는 안내인을 고용해 아프리카 남해안의 모셀 만에 들렀어.
겨우 이걸 받고 인도로 안내하라고요?
부탁하오.

그곳에 식량선을 버리고 남은 식량을 나누어 1498년 4월에는 말린디에 도착했지.
먹을 만큼만 싣게.
아까워죽겠네.

그러고는 이슬람의 수로(水路) 안내인 이븐 마지드의 도움으로 인도양을 횡단했어.
이 바다만 건너면 됩니다.

바스쿠 다가마 일행은 1498년 5월 20일 마침내 인도의 항구 캘리컷(현재 코지코드)에 도착했지.
와, 우리가 해냈어!
수고들 했네.

이후 포르투갈은 대규모 선단을 파견해 인도양의 이슬람 상인을 누르고 인도 항로 발견의 대사업을 이루었어.
장하오, 그대가 '엔히크 항해 왕'의 꿈을 40년 만에 실현시켰소.

* 종묘 제례악의 악기 연주 모습

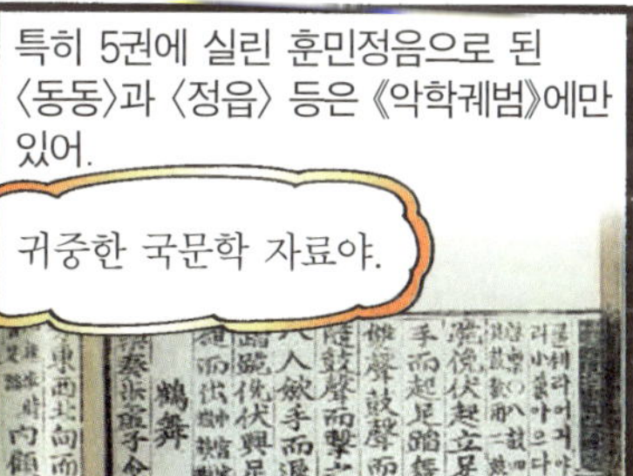

르네상스가 한창일 무렵 이탈리아는 오스트리아와 프랑스 등으로부터 침략을 받았어.
해롱 해롱
오스트리아
프랑스

그 때문에 이탈리아의 르네상스는 쇠퇴하고 르네상스의 중심이 북유럽으로 옮겨갔지.
이탈리아여, 그대를 버린 건 내 진심이 아니오.
르네상스
북유럽

그 무렵에 태어난 네덜란드의 에라스뮈스는 《우신예찬》이라는 책을 펴냈어.
교회와 성직자는 썩을 대로 썩었다!

전반부는 우매한 여신의 자기 예찬을 빌려 인간 생활과 인간성의 본질을 파고들었지.
청소 좀 깨끗이 하지.
쯧쯧!

후반부는 왕후와 귀족, 사제, 교황 그리고 인간 모두를 예리하게 비판하고 있어.
인간들이 어찌 모두 이 모양일까?
우신예찬

《우신예찬》이 지식인과 대중에게 미친 영향은 미증유라 할 만큼 대단했지.
우신예찬!
우신예찬

《우신예찬》은 출간되자마자 다 팔렸고 각 나라의 언어로 번역되었어.
아차, 한발 늦었네!
우신예찬 매진
매진

군주나 주교뿐만 아니라 교황 레오 10세도 읽고 유쾌해했을 정도였지.
불러다 혼낼 수도 없네.
허허허

에라스뮈스는 젊었을 때 신부가 되었지만 얼마 후 그만두었어.
나에겐 안 어울려.

에라스뮈스는 성직자의 삶보다는 자유롭게 살기를 원했지.
방랑자여~ 방랑자여~.

그 뒤 에라스뮈스는 70세에 세상을 떠날 때까지 떠돌이 생활을 했어.
이번엔 김 교수한테 얹혀살까?

1498년 유자광, 이극돈 등 훈구파가 김일손 등의 사림파를 제거한 사화가 일어났어.
훈구파
사림　파

무오년에 일어났는데 사초가 원인이라고 '사(史)' 자를 넣어 무오사화라고도 해.
글 잘 쓰는 게 죄야.
흑흑!

사림파는 성종 때부터 중앙 정계에 나왔는데 그 중심은 김종직이었어.
나만 따라오게.

왕의 신임을 받은 김종직은 제자를 많이 등용하고 주로 3사에서 세력을 키웠지.
오, 든든한 내 제자들!
합격
불합격

시간이 흐르자 그들은 종래의 귀족인 훈구파를 욕심 많은 소인배라며 무시,
욕심쟁이 소인배!
흥!
사림파
훈구파

또 훈구파는 새로 등장한 사림파를 야생 귀족이라 하여 업신여겼지.
뿌리도 없는 야생 귀족!

연산군 4년인 1498년, 실록청에서는 《성종실록》을 편찬하려고 사초를 편집했어.

이때 유자광은 김일손이 스승 김종직의 〈조의제문〉을 사초에 넣은 것을 알았지.
대감, 김일손이….
흠, 저들을 없앨 좋은 기회요.

유자광은 이 글이 단종을 몰아내고 즉위한 세조를 비난한 것이라며 문제 삼았어.
전하, 김일손이 세조를 비난하였사옵니다.

〈조의제문〉은 초나라의 의제가 꿈에 나타나 이를 조문한다는 내용이었지.
항우에게 죽은 의제는 바로 단종을 가리키는 것이렷다!

무오사화로 김일손 등 많은 사림파가 죽임을 당했고 유배되거나 파면되었어.
너 같은 선비들은 꼴도 보기 싫다!
휙!

이미 죽은 김종직에게는 관을 파헤쳐 시체 목을 베는 부관참시가 내려졌지.
대역의 우두머리 김종직의 목도 베시오!

중세 말 인문학자는 교회의 부정부패를 풍자하며 개혁을 외쳤지만 소용없었어.
교회는 각성하라!
각성하라, 각성하라!

그 무렵 루터가 비텐베르크 대학교의 교회 정문에 95개조 반박문을 붙였지.
교회에서 썩은 냄새가 진동을 해.
반박문

이 일은 부패한 교회를 새롭게 바꾸고자 했던 운동이었어.
하느님의 은혜로 이끌어주소서, 아멘!

당시의 면죄부 또는 대사는 교회가 부과한 형벌을 사면해주는 증서였지.
지금부터 네 죄를 면하노라!

그런데 교회가 윤리적으로 타락하면서 면죄부를 돈을 받고 팔기까지 했어.
싸게 줄 테니 한 장 사.
전 지은 죄가 없거든요.

면죄부를 팔아서 얻은 수입은 십일조 등의 수입과 비교가 안 될 정도였지.
꽤 수입이 짭짤하네.
헤헤

그래서 교회는 면죄부를 사면 지옥에 있던 영혼이 하늘나라에 간다고까지 선전했어.
광고
-새면죄부 탄생-
이걸 사면 죄가 없어지니

면죄부 거래는 성 베드로 대성당을 건축하면서 더욱 심각해졌지.
바쁘다, 바빠!
광

완전 사면 면죄부를 발행하여 면죄부를 사면 모든 죄를 용서받을 수 있다고 했어.
독일에 가면 잘 팔릴걸.

분노한 루터는 1517년 10월 31일 95개조 반박문을 마그데부르크의 주교에게 보냈지.

면죄부 거래, 고해 성사의 문제점을 짚고 교황의 권위도 부정했어.
반박문은 2주 만에 독일 전체로 퍼졌대.
반박문

루터의 종교 개혁으로 개신교가 로마 가톨릭교회에서 갈라졌지.
구린내 나는 곳에서 빨리 벗어나요.

연산군의 사치와 향락이 심해지자 점차 국가 재정이 바닥을 드러냈어.
허, 오늘도 풍악 소리네요.
전하가 하는 대로 가만두시지요.

연산군은 국고가 비었다며 공신에게 지급한 공신전을 내놓으라고 요구했지.
전하의 요구가 지나쳐요.
전하를 두고 보자면서요?

그러자 신하들이 태도를 바꿔 왕에게 향락을 자제해달라고 했어.
전하, 지나친 향락은 옥체를 상하게 하옵니다.

무오사화 이후 조정은 다시 외척의 궁중파와 의정부, 육조의 부중파가 대립했지.
공신전을 내놓으라는 어의를 따르세요.
안 될 일이오.

이 대립을 이용해 척신 세력 중 하나인 임사홍은 정권을 잡으려고 했어.
이번 기회에 권력을 되찾아야겠어.

그래서 훈구 세력과 남은 사림 세력을 일시에 없애려는 음모를 꾸몄지.
옳거니!
탁

임사홍은 우선 연산군의 친모였던 폐비 윤씨 사건을 들추어냈어.
훈구파와 사림파를 없앨 비책이….

임사홍의 밀고로 윤 씨 폐위의 니막을 안 연산군은 엄청난 살인극을 저질렀지.
샅샅이 밝혀내리라!

연산군은 먼저 성종의 두 후궁 엄 귀인과 정 귀인을 궁중 뜰에서 직접 죽였어.
어머니의 원수 엄 귀인과 정 귀인은 나오너라!

그리고 윤 씨 폐위에 앞장선 인수 대비에게 고함을 지르며 행패를 부렸지.
왜 내 어머니를 죽였소? 왜, 왜!

연산군은 윤 씨 폐위에 가담하거나 방관한 사람을 찾아 죄를 물었는데 참혹함이 무오사화에 비할 바가 아니었어.
저 간신배는 벼락도 안 맞나 봐?

1519년 9월 20일 마젤란은 270여 명이 탄 다섯 척의 배로 세계 일주를 떠났어.
반드시 조국 포르투갈의 이름을 빛내리라!

에스파냐는 신대륙을 돌아 원래 가려던 인도에 도달하는 데 온 힘을 기울였지.
우리의 목표는 신대륙이 아니라 '보석과 향료의 낙원' 인도야.
폐하, 마젤란이 꼭 해낼 것입니다.

하지만 신대륙이 북극에서 남극까지 길게 뻗어 있어서 곳곳에서 뱃길이 막혔어.
이런, 또 막혔네. 뭔 땅이 이렇게 넓어.

1520년 11월 28일 마젤란 함대는 대서양을 건너 남아메리카의 해안을 따라 남쪽으로 내려갔지.
가자, 남으로!

그러나 폭풍우로 산티아고호가 부서지고, 산 안토니오호는 도망쳤어.
죽기 싫어!

고생 끝에 해협을 지나 마주한 잔잔한 바다에 감격해 태평양(Pacific)이라고 이름 지었지.
죽을 때까지 잊지 않을 거야.
흑흑-

마젤란은 이 항해로 지구가 둥글다는 사실을 확실히 증명하게 되었어.
드디어 해냈어요!
만세! 만세!

33일을 항해한 콜럼버스는 신대륙을 발견하기 일주일 전부터 해초와 새를 보았지.
새를 봐라, 틀림없이 육지가 가까이 있다!

하지만 마젤란은 가도 가도 아무것도 보이지 않는 넓은 바다에서 108일을 지냈어.
이제 바다만 봐도 지긋지긋해요.

1521년 3월 괌에 도착한 마젤란은 한 달 후 필리핀 원주민과 싸우던 중 죽었지.
정신 차리세요!

그해 9월 5일, 세계 일주를 마친 마젤란 함대는 열여덟 명만 살아남았어.
휴, 간신히 우리만 살아 돌아왔으니….
에스파냐

그들은 목숨을 잃은 선원들을 위해 에스파냐 세비야 대성당에서 기도를 올렸어.

연산군은 무오사화와 갑자사화를 일으키면서 많은 선비를 희생시켰고,
난 선비가 싫어!
선비의 묘

자신의 뜻을 거스르거나 직언을 올리는 선비를 내쫓았지.
이 상소를 올린 자를 당장 잡아들이시오!

또 도성 밖 30리 내의 민가를 철거하고 부녀자를 농락하는 등 악행을 저질렀어.
임금님이 완전 미쳤어.
개망나니랑 뭐가 달라?

한편 연산군의 폭정은 정권을 잡고 있던 훈구 대신에게도 큰 위협이 되었지.
백성의 원성이 하늘을 찔러요.
무슨 수를 써야겠어요.

그러자 훈구 대신은 연산군을 폐위하려는 뜻을 모으기 시작했어.
대감, 좋은 생각이라도?
마음에 안 들면 바꿔야지요.
쉿!

성희안과 박원종 등은 왕이 장단 석벽으로 유람 가는 날 거사를 일으키기로 했지.
대감, 아주 좋은 기회요.
내가 사람들을 모으겠소.

하지만 연산군이 유람을 가지 않아 계획대로 거사를 일으키지 못할 위기에 놓였어.
대감, 전하의 유람이 취소되었답니다!
꽈당!

그러다 연산군을 폐위하자는 거사 격문이 도성에 나돌게 되면서 계획을 강행했지.
대감, 계획대로 밀고 나갑시다.

1506년 9월 1일, 박원종 등은 임사홍, 신수근 등 연산군의 측근을 죽인 뒤 궁궐을 에워쌌어.
쥐새끼 한 마리도 못 빠져나가게 하라!

그들은 텅 빈 경복궁으로 쳐들어가 대비 윤씨의 허락을 받아 연산군을 폐했지.
대감들 뜻대로 하세요.
휴우~

다음 날 진성 대군이 왕위에 올라 중종이 되니, 이 정변을 중종반정이라고 해.
이제 숨죽이며 살지 않아도 되겠군.

그 뒤 연산군은 강화도로 귀양을 가 2개월 후인 11월에 죽었지.
일장춘몽이로세!

무굴 제국은 오늘날의 인도 북부와 파키스탄, 아프가니스탄을 지배한 이슬람 왕조야.
300년 넘게 잘 다스렸지.

바부르는 티무르의 후손으로 처음에는 중앙아시아에 나라를 세우려고 했지.
좋은 땅 있나 유심히 보게.
이곳이 딱 좋습니다.

하지만 세력이 모자라 카불을 점령하고, 1526년 델리로 쳐들어가 무굴 제국을 세웠어.
무굴 제국
카불

무굴 제국은 제3대 황제인 아크바르 때 크게 발전했는데, 주변을 정복해 영토를 넓혔지.
자, 이제 다른 땅을 접수하러 가자!

아크바르는 힌두교도를 회유하려고 브라만 계급과 타협하는 등 종파를 가리지 않았어.
짐은 나라를 위해 국제결혼을 하겠노라.

그러나 무굴 제국은 많은 정복 전쟁을 치르느라 재정난을 겪었지.
나라를 유지하려면 많은 돈이 필요한데….
텅~

결국 세금을 내는 소영주와 일반 농민이 고스란히 부담을 떠안게 됐어.
폐하, 세금을 걷어 국고를 채워야겠사옵니다.

그래서 소영주와 농민, 심지어 궁정 귀족까지도 정부에게 반감을 가졌지.
세금 때문에 허리가 휘네!
해도 해도 너무해.

한편 펀자브 지방에서는 시크교도가 반란을 일으켰어.
우리끼리 살 테니 건드리지 마라!

1674년 힌두교도가 서부 데칸 지방에 마라타 왕국을 세워 무굴 제국에 맞섰지.
감히 누가 우릴 이겨?
마라타 왕국

1707년 무굴 제국의 황제 아우랑제브가 죽자 황제 자리를 둘러싼 분쟁이 일어났고,
내 거니까 침 흘리지 마!
누가 할 소리?
흥!

그 뒤 1739년 페르시아가 델리를 침공해 무굴 제국은 빈껍데기만 남게 되었지.
완전 허깨비야!
무굴 제국

조선은 건국 후부터 동래의 부산포와 제포, 염포를 개방하고 왜관을 두어 일본의 교역을 일부 허용했어.
이번에 새로 가져온 물건이에요.
어디 한번 봅시다.

그러나 일본인이 늘면서 조선 관원과 자주 충돌했으며 삼포의 일본인이 대마도의 일본인을 끌어들여 폭동을 일으켰지.
방비가 허술하니 마음 놓고 따라와요.
살금 살금

1510년 4월 4일 새벽 일본인은 먼저 제포와 부산포를 공격했어.
재빨리 해치우자.

그들은 두 성의 주민을 죽이고 이어서 웅천과 동래를 포위했지.
좋은 말 할 때 항복해라!

경상우도 병사 김석철이 웅천을 도우러 달려왔으나 밤중에 기습을 받아 후퇴했어.
만만한 놈들이 아니야.

웅천 현감은 막을 생각은 하지 않고 가족을 먼저 피신시키려고 성문을 열었지.
되도록 멀리 달아나라.

그 바람에 민심이 동요해 성이 쉽게 함락되고 말았어.
현감이 식구를 피신시켰대.
흥, 그런 현감 밑에서는 싸울 필요 없어!

소식을 들은 조정은 세 방향에서 웅천을 공격하게 하고 수군과 협공을 했지.
조선군이 몰려온다!

그러자 일본인은 웅천을 버리고 제포성 밖의 세 봉우리를 점거해 농성하려 했지.
조선군은 물러가라, 물러가라!

그러나 조선군의 공격을 받아 배로 후퇴했고, 삼포의 일본인은 쓰시마로 달아났어.
이때 쓰시마 도주의 아들이 죽임을 당했어.
쓰시마

그 뒤 조선은 일본과 통교를 끊었으나 1512년 임신약조를 맺고 통교를 허락했지.
주동자의 목입니다. 다시 장사를 하게 해주세요.

그러나 중부 지방은 츠빙글리에 반대하여 1529년 둘 사이에 전쟁이 일어났어.

칼뱅은 《기독교강요》를 펴내고 제네바에서 종교 개혁을 일으켰지.

칼뱅의 교리 중 가장 핵심적인 것은 예정론이야.

* 프로테스탄티즘: 루터, 칼뱅 등에 의해 주도된 16세기 종교 개혁의 중심 사상

신이 어떤 사람을 영원한 생명으로 예정한 것처럼 어떤 이를 멸망으로 예정했다는 교리야.

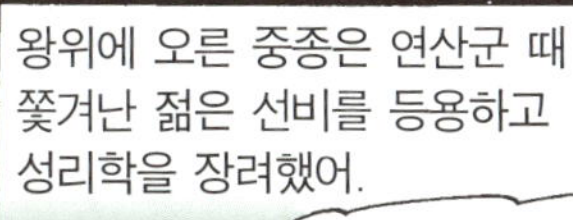

* 공신 호: 공신에게 주어진 명칭

코페르니쿠스는 1543년 《천체의 회전에 관하여》를 펴내면서 지동설을 주장했어.
지구가 멈춰 있는 태양 주위를 돈다고?
말도 안 돼!

그 책에서 지구는 스스로 돌면서 태양 주위를 1년에 한 번 도는 행성일 뿐이며,
우주의 중심은 지구인데 뭔 소리야?

대기권 안의 모든 것은 지구와 함께 돈다고 주장했어.
다른 것도 함께 돌거든.

하지만 사람들은 지구와 같은 큰 땅덩이가 돈다면 원심력 때문에 산산조각이 날 것이라며 인정하지 않았지.
당신 미쳤어!
당신 말이 사실이라면 지구가 산산조각이 날걸!
지구보다 더 빨리 도는 천체들도 무사하지 않소?

천동설을 주장한 프톨레마이오스는 지구가 움직인다면 지구 위의 동물과 물체가 떨어져 나갈 것이라고 했어.
지구가 돈다면 프톨레마이오스의 말대로 모두 떨어져 죽을걸.
벽창호도 당신들보다 나을 거요.

코페르니쿠스 때문에 중세의 우주관과 그것에 바탕을 둔 생각은 무너졌지.
인간은 지구라는 작은 별에 거꾸로 매달려 돌아가는 존재일 뿐이오!

지구가 우주의 중심이 아니라는 그 생각은 큰 충격을 불러일으켰어.
좋은 정신 병원 소개해줄까요?

우리는 흔히 대담하고 획기적인 생각을 '코페르니쿠스적 발상'이라고 불러.
헛소리하지 말고 깊이 생각해봐요!

사실은 지구가 돌고 있다는 코페르니쿠스의 우주 체계는 한마디로 혁명적이었고,
아무리 봐도 태양과 별이 지구 주위를 돌고 있는데….

인류 역사상 가장 큰 변혁으로 불리는 '과학 혁명'의 시작을 알리는 것이기도 했지.
코페르니쿠스의 말이 맞는다면 혁명이야!

그 후 지구는 더 이상 우주의 중심이 아닌 수많은 천체 중 하나로 여겨지게 되었어.
정신 병원 소개해준다는 말 취소요.
코페르니쿠스 집

서원은 조선의 사설 교육 기관으로, 유교의 성현에게 제사를 지내던 곳이야.
애야, 성현을 잘 모셔야 하느니라.

조선은 건국 초부터 고려의 사원을 대신하여 서재, 서당, 정사 등을 장려했지.
경들은 조선이 유교 국가라는 걸 명심하시오!

그 뒤 1543년 풍기 군수 주세붕이 세운 백운동 서원이 조선 최초의 서원이었어.
고려의 학자 안향을 모셨지.

1550년에는 임금이 백운동 서원에 소수 서원이라는 액(간판)을 하사했지.
성은이 망극하옵니다.
紹修書院

이것이 사액 서원의 시초가 되었으며 마침 황폐해가는 향교를 대신하게 되었어.
나라에서 지원을 해주니 이렇게 고마울 수가.

그 밖에 서원은 지방 귀족의 지위를 튼튼하게 해주는 기능도 있었지.
하하하, 요즘 같으면 정말 살 만해.

서원은 사화를 피해 시골 마을에 내려와 숨어 살던 사림의 활동 터전이었어.
이런 촌구석에서 썩기는 아까운 사람이야.

그리고 사당 또는 사묘의 역할, 백성을 일깨우는 역할, 연구소 역할을 담당했지.
세속을 떠나 학문 연구나 하니 신선놀음일세.

그러한 역할을 함으로써 시골 마을의 사림 세력이 서원을 중심으로 모이게 됐어.
오늘 서원에서 중요한 모임이 있으니 꼭 오세요.

또한 교육 기관이므로 정치 반대 세력의 견제를 적게 받아서 점점 번창했지.
이 안에 있으면 누가 날 건드려?

하지만 서원이 늘어나면서 일종의 특권으로 딸린 토지에는 세금을 물리지 않았어.
절 서원 노비로 써주세요.
군역을 피하려고 온 것이면 받아줄 수 없네.

그러나 당쟁에 골몰하고 심지어는 백성의 재산을 빼앗는 폐단도 생겼지.
유생이 당파 싸움이나 하다니….
칫, 재산이나 빼앗지 않았으면!

* 트리엔트, 오늘날의 이탈리아 트렌토

또한 훈구파가 정권을 장악하고 사림의 정치적 기반은 더욱 축소되었지.

* 국교회: 국왕이 최고 권위자인 프로테스탄트 교회 제도, 영국의 성공회

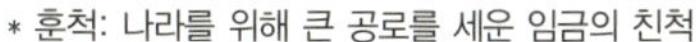
* 훈척: 나라를 위해 큰 공로를 세운 임금의 친척

* 이생지: 개펄이 모여 평야가 된 땅

* 직업 소명설: 일반 직업도 하느님께서 허락하신 거룩한 일이라는 설로 칼뱅이 주장

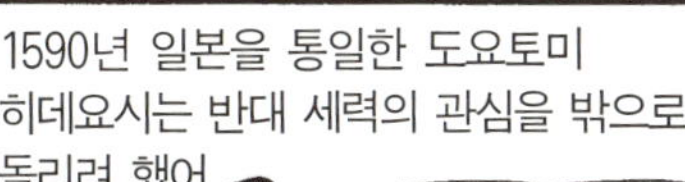

1590년 일본을 통일한 도요토미 히데요시는 반대 세력의 관심을 밖으로 돌리려 했어.
저기 좀 보게. 경치 좋지?

그래서 1591년 조선에게 명나라를 정복하려고 하니 길을 열어달라고 요청했지.
도주, 조선에 사신을 파견해 이 편지를 전하시오.

그러나 조선은 사대 관계에 있었던 명나라와의 의를 지켜야 했기 때문에 거절했어.
조선이 길목이 되면 무사할 수 있겠는가?

도요토미는 다시 교섭을 청하고 뜻대로 되지 않으면 침략하겠다며 조선을 위협했지.
말을 안 들으면 가만두지 않겠다고 하시오!

이에 조선은 황윤길을 통신사, 김성일을 부사로 임명해 일본에 파견했어.
저들의 실정과 진짜 속셈이 뭔지 살피고 오시오.

하지만 황윤길은 전쟁이 일어날 거라 하고, 김성일은 그렇지 않다고 보고했지.
대감, 아무렇지도 않은데 민심을 동요시키지 마시오.

신하 사이에서도 의견이 나누어졌지만 조선 조정은 김성일의 의견을 좇았어.
전하, 대비를 하셔야 하옵니다.
결코 현혹되지 마십시오.

교섭이 깨지자 도요토미는 1592년 4월 20만여 명의 군대로 조선을 침략했지.
조선을 정복하라!

전쟁 경험이 풍부해 잘 훈련된 일본군에게 조선군은 상대가 뇌질 않았어.
부산진성과 동래성이 순식간에 함락됐어.
조선

또한 많은 병사가 일본군이 오고 있다는 소식을 듣고 탈영해버렸지.
아니, 병사가 다 어디 갔어?
무서워서 도망쳤습니다.

그래서 2개월도 채 안 돼 조선 전체가 일본군에게 유린되는 위기에 놓였어.
너무 싱거운 싸움이야.

임진왜란은 조선 최대의 사건이며 모든 면에 막대한 영향을 끼쳤지.
벌벌~
임진왜란

기원전 46년 로마의 카이사르가 처음으로 오늘날과 거의 유사한 달력을 만들었어.
이제 이 달력을 쓰도록 하시오.

그 전의 로마의 달력은 1년이 355일이라서 매년 10일이나 차이가 났지.
로마에도 달력이 있는데.
어느 해는 추수 감사절이 여름이니 문제가 있지.

그래서 1년을 365일로 하여 기원전 46년 1월 1일부터 율리우스력을 사용했지.
이젠 달력의 날짜와 계절이 맞을 거야.

율리우스력은 1년을 365.25일로 했는데, 1년은 실제로 그것보다 11분이 모자라.
달력에 표시된 부활절이 성경의 기록과 다르네.

모자란 11분이 1582년에 이르러 태양계와 10일의 차이가 난다는 것을 발견했지.
열흘이나 차이가 나니 그럴 수밖에.

그래서 1582년 교황 그레고리우스 13세가 그레고리력을 발표했어.
음, 열흘씩 앞당기면 본래의 부활절이 되겠군.

그레고리우스는 요일을 바꾸지 않고, 단순히 그 10일을 달력에서 빼버렸지.
멋진 그림이 들어 있는 건 없나?
태양계의 주기와 조화를 이루어 만든 달력이래.

율리우스력은 4의 배수 해에는 366일로 해 공전 주기를 맞추었어.
왜 그랬을까?
4년이 지나면 1일의 오차가 생겼기 때문이지.

그런데 16세기에 들어서 고안된 것이 1년을 365.2425일로 하는 그레고리력이야.
지구의 실제 공전주기는 365.2422일이야.

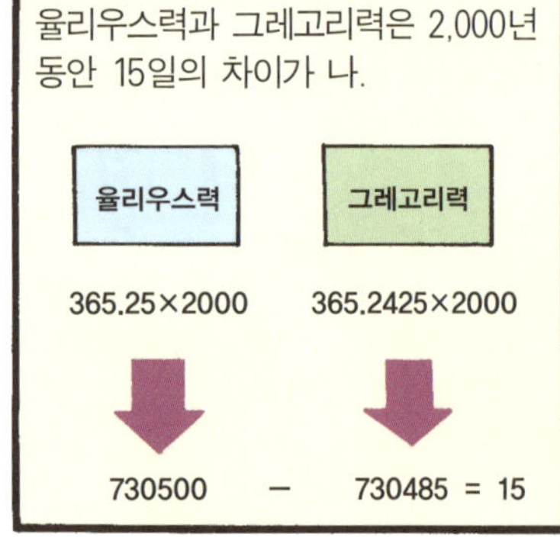
율리우스력과 그레고리력은 2,000년 동안 15일의 차이가 나.
율리우스력
그레고리력
365.25×2000
365.2425×2000
730500 － 730485 = 15

그레고리력은 4의 배수를 윤년으로 하되 율리우스력보다 윤년이 덜 나오게 했지.
아무래도 내 머리가 더 좋은 것 같아.

4의 배수 중에서도 100의 배수가 되는 해는 평년으로 정하고, 다시 400의 배수가 되는 해는 윤년으로 정했어.
즉 2000년은 윤년, 2100년은 평년, 2104년은 윤년, 2200년은 평년이지.
2000 ····
2100 ····
2104 ·
2200 ····

1592년 전라 좌수사 이순신은 육군과 달리 일본과의 해전에서 매번 이겼어.
전하, 이순신 장군이 계속 바다에서 이기고 있다 하옵니다.
참으로 반가운 소리요!

일본 함대는 거제도 부근에서 10여 척에서 30여 척씩 무리 지어 출몰하고 있었지.
병력을 늘려 조선 수군을 쳐부수자!

이에 이순신은 49척의 배로 출정을 결정했고, 경상 우수사 원균이 7척을 끌고 와 합세했어.
적은 힘이나마 보태러 왔소이다.
잘 오셨소.

정박해 있던 이순신은 일본 함대 70여 척이 견내량으로 들어섰다는 정보를 들었지.
장군, 적이 견내량에 나타났답니다!
당포

견내량은 해협도 좁고 암초가 많아서 전투하기에는 좋지 않았어.
음, 견내량에서는 제대로 싸울 수가 없어.

그래서 판옥선 5~6척으로 일본 함대를 한산도 앞바다로 유인해 쳐부수기로 했지.
판옥선을 끌고 가 적을 한산도 앞바다로 끌어내시오!

조선의 함대 13척을 발견한 일본 수군은 그것이 조선 함대의 전부인 줄 착각하고 전 함대를 몰아 쫓아왔어.
절대 놓치지 마라!
일본 함대가 한산도 앞바다에 이르자 대기하고 있던 함대와 함께 전 조선 함대가 뱃길을 돌려 학익진을 펼쳤지.
후퇴하라!
배를 빨리 돌릴 수가 없습니다.

이 싸움에서 일본 함선 47척이 격침되고, 왜군 수천 명이 죽었지.
만세, 이순신 장군 만세!

이 싸움이 이순신 장군의 한산도 대첩으로 임진왜란의 3대 대첩 중 하나야.

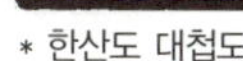
* 한산도 대첩도

한산도 대첩은 도요토미의 대륙 정벌 야욕을 꺾어버린 해전이라 할 수 있지.
쇼군, 뱃길이 막혀 군량 보급이 안 됩니다.
아, 그럴 수가!

에스파냐 펠리페 2세는 잉글랜드 여왕 엘리자베스 1세에게 청혼을 했으나 거절당했어.
흥, 세력을 키우려는 속셈인 거 다 알아.
우리 앞길을 방해하면서 청혼까지 거절해?

특히 엘리자베스는 해적 드레이크에게 에스파냐 상선을 습격하게 하여 큰 피해를 입혔지.

게다가 엘리자베스 여왕은 펠리페 2세의 드레이크 처형 요구를 무시하고 기사 작위까지 수여했어.
경의 뒤에는 내가 있다는 걸 잊지 마세요.

두 나라 사이에는 전운이 감돌았고, 1588년 5월 무적함대는 영국으로 향했지.
이것들이 날 뭐로 보고… 당장 공격하라!

당시 약 130척의 배와 2,500문의 대포를 지닌 무적함대는 위용이 당당했어.
길을 비켜라~ 우리는 무적함대~ 무적함대~!

잉글랜드의 배는 190척이었지만 절반 정도는 작은 배였지.
이걸로 싸울 수 있을까?

두 달 후 잉글랜드 해협에 다다른 무적함대는 기습 공격을 받아 프랑스의 칼레 항구로 도망쳤어.
태풍 때문에 겨우 도착했는데 이게 뭔 꼴이야?

하지만 다시 야간 공격을 받고 쫓기다가 폭풍우까지 만나 피해는 더욱 커졌지.

겨우 에스파냐로 돌아간 무적함대는 67척의 배와 1,800여 명의 목숨을 잃었어.
부서진 배가 한 척, 전사자가 100명 정도니 완전한 승리야.

영국 함대는 야간 공격을 할 정도로 기동성과 선원의 기술이 뛰어났지.
해적왕 드레이크를 누가 당하랴?
껄껄껄

게다가 사정거리가 긴 포를 가지고 있었기 때문에 이길 수 있었어.
휴, 만만하게 볼 놈들이 아니야.

이후 에스파냐는 해상에서의 패권을 잃어버렸고 네덜란드와 영국이 차지했지.
저리 가!
조용히 갈 테니 밀지 마!

임진왜란 초 광주 목사였던 권율은 싸움에서 공을 세워 전라도 순찰사가 되었어.
전하, 성은이 망극하옵니다.

명군과 합세해 한양을 탈환하려고 북상하던 권율은 독왕산성에서 일본군을 무찔렀지.
한 놈도 살려두지 마라!

한편 일본군은 후퇴를 하던 중 벽제관 전투에서 명군을 대파하고 한양에 머물렀어.
한양

권율은 1593년 2월 병력을 이끌고 한강을 건너 행주산성에 주둔했지.
이곳이 한양을 탈환하기에는 좋아.

이때 의병장 김천일과 승병장 처영의 병사도 합세해 병력은 2,800여 명에 이르렀어.
참으로 든든한 후원군이 생겼소.

2월 12일 새벽 일본군은 3만여 명의 대군을 일곱 개로 나누어 성을 포위, 공격했지.
탕 탕 탕

성안이 관군과 의병은 화차, 진천뢰, 총통 등을 쏘아대며 용감히 맞섰어.
광

화살이 다 떨어지자 재를 뿌리고 돌을 던지며 싸웠고, 백성도 모두 합세했지.
조금만 더 힘내게!

부녀자도 치마로 돌을 나르는 등 투석전을 벌이는 군사를 도왔이.
우리도 힘을 보탤 수 있다니 기뻐요.

마침내 일본군은 적장을 비롯해 1만여 명의 사상자를 내고 물러갔지.
만세 만세

권율은 이 공로로 도원수에 임명되었고, 이후 일본군은 다시 철수를 서둘렀어.
바다에는 이순신, 육지에는 권율, 징그러운 놈들이야!

행주 대첩은 살수 대첩, 귀주 대첩, 한산도 대첩과 함께 한민족 4대첩의 하나로 불려.
우리 역사에 길이 빛나는 싸움이야.

일본의 무장 도요토미 히데요시는 1558년 이후 오다 노부나가에게 중용되었어.
항상 내 곁에 있게.

그는 반란이 일어나 오다 노부나가가 죽자 원수를 갚고 실권을 장악했지.
이제부터 나를 따르라!

그리고 후계자로 두 살 된 노부나가의 손자를 내세웠어.
호호호, 분명 들고일어날걸.

노부나가의 아들들과 반대파가 들고일어나자 도요토미 히데요시는 그들을 무찔렀지.
내 생각대로 해줘서 고마워.

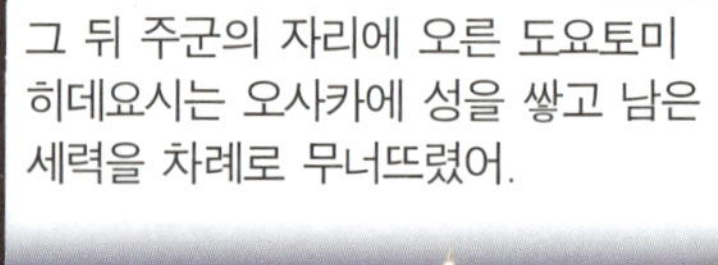

그 뒤 주군의 자리에 오른 도요토미 히데요시는 오사카에 성을 쌓고 남은 세력을 차례로 무너뜨렸어.

* 오사카 성

1590년 마침내 전국 통일의 꿈은 이루어졌고, 일본의 역사는 근세로 넘어갔지.
아직 뭔가 부족한 것 같은데.

3년 뒤 도요토미 히데요시는 홋카이도까지 그의 지배하에 두었어.
이제야 다닐 만하군.

통일 후 도요토미 히데요시는 농민, 상인, 절이 가진 무기를 모두 빼앗았지.
딴생각하지 말고 일이나 해.

또 토지 조사를 실시해 땅 주인으로 등록된 농민이 달아나지 못하게 했어.
이 자는 땅이 많으니 세금을 많이 걷어야겠군.

이때부터 무사와 농민은 완전히 분리되어 무사가 농촌을 지배하기 시작했지.
쳇, 저놈들은 놀고먹잖아.

상공업과 무역에 대해서는 화폐를 만드는 등 어느 정도 장려하는 듯했어.
요즘 장사 잘되는가?
모든 게 나리 덕분입니다요.

그러나 상공업자가 자신의 지배를 벗어나려 하는 것은 절대 용납하지 않았지.
좋은 말 할 때 조용히 지내!
상인 조합

일본군은 전황이 불리해지자 화의를 제의했는데 명군도 싸움을 끝내고 싶어 했어.
좋소, 빨리 화의합시다.

가장 많은 피해를 입은 조선은 화의를 결사반대하여 교섭에서 제외되었지.
계속 들고 있으시오.
결사반대

교섭을 하는 동안 조선은 의병 부대를 관군으로 편입하는 등 방비를 강화했어.
우리에겐 화의란 없으니 싸울 준비 단단히 하시오.

명나라와 일본 양측은 서로 자국이 유리한 입장에서 화의 교섭을 하려 했지.
옆으로 좀 더 가시오.
난 지금이 편하오.

일본은 명나라 황녀를 일본의 후비로 삼게 할 것, 조선 남부 4도를 내줄 것 등을 요구했어.
황제께 잘 전달해주시오.

하지만 그 요구는 대부분 받아들어지지 않았고 3년에 걸친 교섭은 결국 깨졌지.
더 이상 협상은 없다!

남해안에 수둔해 있던 일본군은 1597년 다시 쳐들어왔지만 쉽게 진격하지 못했어.
더 나아갈 수가 없네.

일본군은 남부 지방이라두 차지하기 위해 전라도 쪽을 집중 공략했지.
할 수 없다. 이곳이라도 빼앗자!

그러나 일본군은 조선과 명나라의 연합군에게 크게 패해 남해안 일내로 물러났어.
후퇴하라!

계속된 싸움에서도 일본군은 군량이 부족해 고전을 면치 못했지.
배가 고파서 싸울 힘도 없어.
나도 며칠째 하루 한 끼밖에 못 먹었어.

그 뒤 도요토미 히데요시가 죽자 일본군은 본국으로 철수하기 시작했어.
쇼군이 돌아가셨답니다.
빨리 돌아가야겠다.
뭣이!

일본군은 후퇴하던 중 이순신에게 대패했으나 철수에 성공하면서 싸움이 끝났지.
나의 죽음을 알리지 마라.
흑흑, 장군, 대승입니다.

〈하권에서 계속〉

KOREAN HISTORY

WORLD HISTORY

한국사를 알면
세계사가 보인다